30 Minuten

Sicher investieren

Mona Schnell, Nils Steinkopff

Bibliografische Information der Deutschen Nationalbibliothek. Die Deutsche Nationalbibliothek verzeichnet diese Publikation in der Deutschen Nationalbibliografie; detaillierte bibliografische Daten sind im Internet über http://dnb.d-nb.de abrufbar.

ISBN 978-3-96739-122-0

Umschlaggestaltung: die imprimatur, Hainburg
Umschlagkonzept: Martin Zech Design, Bremen
Lektorat: Eva Gößwein, Berlin
Foto von Nils Steinkopff: Kevin Kemnitz
Foto von Mona Schnell: Jan Kohlrusch
Satz: Zerosoft, Timisoara (Rumänien)
Druck und Verarbeitung: Salzland Druck, Staßfurt

Wir drucken in Deutschland.

www.gabal-verlag.de
www.gabal-magazin.de
www.twitter.com/gabalbuecher
www.facebook.com/gabalbuecher
www.instagram.com/gabalbuecher

PEFC zertifiziert
Dieses Produkt stammt aus nachhaltig bewirtschafteten Wäldern und kontrollierten Quellen.
www.pefc.de

Wir übernehmen Verantwortung! Ökologisch und sozial!

- Verzicht auf Plastik: kein Einschweißen der Bücher in Folie
- Nachhaltige Produktion: Verwendung von Papier aus nachhaltig bewirtschafteten Wäldern, PEFC-zertifiziert
- Stärkung des Wirtschaftsstandorts Deutschland: Herstellung und Druck in Deutschland

Wissen auf den Punkt gebracht

Dieses Buch ist so konzipiert, dass Sie in kurzer Zeit prägnante und fundierte Informationen aufnehmen können. Mithilfe eines Leitsystems werden Sie durch das Buch geführt. Es erlaubt Ihnen, innerhalb Ihres persönlichen Zeitkontingents (von 10 bis 30 Minuten) das Wesentliche zu erfassen.

Kurze Lesezeit

In 30 Minuten können Sie das ganze Buch lesen. Wenn Sie weniger Zeit haben, lesen Sie gezielt nur die Stellen, die für Sie wichtige Informationen beinhalten.

- Schlüsselfragen mit Seitenverweisen zu Beginn eines jeden Kapitels erlauben eine schnelle Orientierung: Sie blättern direkt zu dem Thema, das Sie besonders interessiert.
- **Zahlreiche Zusammenfassungen innerhalb der Kapitel erlauben das schnelle Querlesen.**
- Ein Fast Reader am Ende des Buches fasst alle wichtigen Aspekte zusammen.
- Ein Register erleichtert das Nachschlagen.

Inhalt

Vorwort

Inflation, Niedrigzinsen, wackelige Finanzsysteme – all das belastet unsere Geldbeutel. Gleichzeitig steigt das Renteneintrittsalter, der Wert des Sparkontos stagniert und unsere Träume vom entspannten Ruhestand in Wohlstand drohen zu zerplatzen. Irgendwann denken wir alle: Mist, was mache ich eigentlich, wenn ich in Rente gehe?

Ich, Mona Schnell, fragte mich das 2018, auf dem Balkon meines für vier Wochen gemieteten Wohnbüros auf Gran Canaria. Ich hatte mir immer vorgestellt, dass ich hier oder irgendwo sonst im Süden meinen Lebensabend verbringen würde – weg vom trüben, regnerischen Hamburg. Stellt sich nur die Frage: Wie soll ich das finanzieren? Bisher schien mir die Börse als Altersabsicherung immer zu unsicher. Ich hatte zwar von meiner Familie etwas Börsenwissen vermittelt bekommen. Das reichte aber nicht aus, um sicher zu investieren, um zu wissen: Mein Geld wird im Alter für ein gutes Leben reichen, ohne dass ich jeden Cent umdrehen muss.

Ein Freund hat mir dann Nils Steinkopff empfohlen. Schon der erste Zoom-Call mit ihm beeindruckte mich: Wie konnte dieser junge Mann mit seinen damals 24 Jahren bereits so viel über die Börse und das Investieren wissen? Und warum wusste ich mit über 40 eigentlich so wenig darüber? Das konnte ich nicht auf mir sitzen lassen. Als Nils mir seine Art zu investieren erläuterte, klang seine ausgeklügelte, getestete und einfach umzusetzende Strategie sinnvoll und logisch. Kurzum, ich war begeistert.

Ich löste also über Nacht meine kapitalbildende Lebensversicherung auf, wurde Mitglied in der finance.academy und investierte von nun an strategisch – mit Erfolg. Inzwischen habe ich mein Anfangsinvestment fast verdoppelt, viel gelernt und herausgefunden, dass Emotionen schlechte Anlageberater sind. Als eher skeptische Frau, die lieber überprüft, als einfach nur zu glauben, dachte ich immer wieder: Jetzt habe ich es kapiert. Ich kann die Strategie schlagen. Was soll ich sagen? Ich bin jedes Mal gescheitert. Deshalb halte ich mich inzwischen stur an das, was ich bei Nils gelernt habe, und freue mich über ein Depot, das stetig wächst. Auch Schwankungen lassen mich heute völlig kalt. Denn ich weiß, dass ich mein Risiko minimiert habe und stets bestmöglich investiert bin. Dafür setze ich rund drei Stunden meiner Zeit pro Monat ein – manchmal sogar weniger – und vertraue darauf, dass mein Ruhestand auf den Kanaren von Tag zu Tag ein Stückchen näher rückt.

Nils und ich werden Ihnen in diesem Buch seine Strategien erläutern. Wir werden dabei nicht auf einzelne Aktien eingehen, sondern uns auf passiv gemanagte Fonds, sogenannte ETFs, konzentrieren und zeigen, wie Sie, auch als Anfänger, sicher und erfolgreich investieren.

Denn wenn ich das kann, können Sie es auch.

Mona Schnell

Warum eignet sich Sparen nicht zum Vermögensaufbau?

Seite 10

Wie viel Geld habe ich und wie viel Rente bekomme ich?

Seite 19

Welche Fehler sollte ich beim Investieren an der Börse vermeiden?

Seite 24

1. Grundlagen fürs Investieren

Träumen Sie von finanzieller Freiheit? Endlich nur noch das tun, wonach Ihnen der Sinn steht? Viele Menschen würden selbst dann, wenn sie richtig reich wären, noch arbeiten, weil sie das tun, was sie lieben. Oder sie würden ihren Beruf wechseln, sich mehr für das Allgemeinwohl einsetzen, Tiere schützen, Kinderarmut bekämpfen und vieles mehr. Was auch immer finanzielle Freiheit für Sie bedeutet, mit dem nötigen Kleingeld können Sie das umsetzen, wovon Sie ohne nur träumen.

Ein Weg, um diese finanzielle Freiheit zu erreichen, stellt das Investieren an der Börse dar. Es hat einen großen Vorteil: Investieren kann jeder. Davon sind wir überzeugt. Welche Strategie für Sie persönlich die richtige ist, müssen Sie selbst entscheiden. Um sich zu entschließen, einen bestimmten Weg zu gehen, brauchen Sie aber Wissen. Dieses Wissen wollen wir Ihnen mit diesem Buch vermitteln.

Wir glauben nicht nur an die hier ausgeführten Strategien. Sie sind sogar wissenschaftlich validiert. Trotzdem müssen wir erwähnen, dass jedes Investment in Aktien, auch in ETFs, mit Risiken behaftet ist, die wir nie vollständig ausschließen können. Im schlimmsten Fall droht ein Totalverlust. Jeder Tipp, den wir geben, wurde mit historischen Tests überprüft und ist damit so sicher, wie ein Investment nur sein kann. Wir möchten Sie mit diesem Buch nicht zum Kauf bestimmter Werte auffordern. Aber wir können Ihnen Strategien an die Hand geben, mit denen Sie sich sicher innerhalb der Börsenwelt bewegen können.

Dies ist keine Anlageberatung. Wir möchten Ihnen aber den Einstieg ins Investieren so leicht wie möglich machen. Dafür erklären wir Grundlagen und Begriffe, erläutern unterschiedliche Strategieansätze und geben Ihnen einen Werkzeugkasten zur Analyse von Anlagemöglichkeiten. Damit können Sie schnell und einfach loslegen. Denn Zeit ist ja bekanntlich Geld. Kaum irgendwo ist dieser Spruch so zutreffend wie an der Börse. Gerade wenn Sie fürs Alter vorsorgen möchten, sollten Sie loslegen, sobald Ihr Kenntnisstand das erlaubt.

1.1 Inflation, Deflation, Zinsen und Co.

Los geht's mit einer Einführung in unsere Geldordnung und mit einigen Begriffserklärungen. Das mag langweilig klingen, ist es aber ganz und gar nicht. Denn wenn Sie das System verstehen, verstehen Sie, wie Volkswirtschaften, aber auch Unternehmen funktionieren. Dann können Sie mitdiskutieren, wenn wieder einmal von Inflation, Deflation, Leitzinsen und Ähnlichem die Rede ist. Und ganz nebenbei – so wahnsinnig viel Zeit müssen Sie dafür nämlich gar nicht aufwenden – können Sie das System für sich nutzen und sicher investieren.

Warum sich sparen nicht lohnt

Geld zu investieren heißt für viele Deutsche auch heute noch, es unters sprichwörtliche Kopfkissen oder auf das Sparbuch zu packen. Mit Verlaub, das ist eine schlechte Idee. Sie lesen doch sicher auch Zeitungen oder schauen Nachrichten und kennen Sätze wie „Die Inflation steigt“, „Es gibt Negativzinsen auf Guthaben“ oder „Auf dem Sparbuch wird das Geld weniger“. Klingt beängstigend für Bürger des Landes der Sparer. Laut einer Studie[1] aus dem September 2021, die der digitale Versicherungsmanager CLARK in Kooperation mit YouGov durchführte, verwaltet tatsächlich etwa die Hälfte der Deutschen ihr Geld so, dass es keine Zinsen oder Rendite bringt. Sie verlieren also effektiv Geld, während die Kosten ihres täglichen Bedarfs unaufhörlich steigen. Immer noch viel zu viele stecken aufgrund von Schreckensmeldungen und gefühlter Perspektivlosigkeit den Kopf in den Sand oder verlassen sich auf den Staat.

Dabei haben Sie große Chancen, das Ruder rumzureißen. Klar, Sie können als Einzelperson die Geldpolitik nicht ändern. Aber Sie können dort Einfluss nehmen, wo das leicht möglich ist – bei sich selbst. Mit der Lektüre dieses Buches gehen Sie bereits den ersten Schritt auf dem Weg zu einer positiven Haltung gegenüber Geld und übernehmen selbst Verantwortung für Ihr Vermögen. Damit Ihnen der Einstieg leichter fällt, definieren wir für Sie zunächst einmal die Begriffe, die Ihnen beim Thema Finanzen immer wieder begegnen, und zeigen auf, wie diese Faktoren sich auf Ihren Geldbeutel und Ihre Altersvorsorge auswirken.

Kurzer Exkurs in Sachen Geld

Entschuldigung, jetzt wird es etwas theoretisch. Aber das muss sein. Lassen Sie uns über Geld sprechen: *Geld* wird als Tausch- und Zahlungsmittel, als Recheneinheit und als Wertaufbewahrungsmittel genutzt. Um all diese Funktionen zu erfüllen, muss das, was wir als Geld verwenden, gut teilbar, wertbeständig und allgemein akzeptiert sein. Allgemeine Akzeptanz bedeutet bei uns: Das Gesetz regelt es. Wir assoziieren mit Geld unser Bargeld, also Münzen und Banknoten, sowie das Buchgeld oder Giralgeld, also das, was auf unseren Konten liegt.

Als *Währung* bezeichnen wir die Ordnung des gesamten Geldwesens eines Raums, in dem diese *Währung* als Geld genutzt wird. Die Währung ermöglicht einen einfachen Transfer von Waren und Dienstleistungen. Sprich: Das, was Sie kaufen oder in Anspruch nehmen, bezahlen Sie mit unserer offiziellen Währung – dem Euro. Den Euro gibt es in Deutschland seit 2002 als Bargeld, aber bereits seit 1999 als Buchgeld. Er war also schon „virtuell" im Umlauf, bevor wir ihn als Verbraucher tatsächlich wahrgenommen haben. Emittiert, also herausgegeben, wird der Euro von der Europäischen Zentralbank in Frankfurt am Main.

Andere Währungen, also Fremdwährungen, bezeichnen wir als *Devisen*. Für alle innerhalb der europäischen Währungsunion sind das alle anderen Währungen außer dem Euro, zum Beispiel Dollar, Yen, Dänische Krone, Pfund Sterling und viele mehr.

Zurück zum Euro. Im Finanz-Fachjargon nennen wir unsere Währung eine *Fiatwährung*. Das bedeutet, die Währung ist nicht an einen Rohstoff wie zum Beispiel Gold oder Silber gekoppelt. Früher war zum Beispiel der Dollar an den Gegenwert in Gold gebunden. Das hat sich aber nicht bewährt und dieser „Goldstandard“ wurde deshalb wieder abgeschafft. Heute sind alle Währungen, die von Regierungen unterstützt werden, solche Fiatwährungen. Ihr Wert, beziehungsweise der Wert, der zum Beispiel in Euro gehandelten Waren und Dienstleistungen, ergibt sich aus der Menge des Geldes, das von der Europäischen Zentralbank ausgegeben wird und sich damit in Umlauf befindet, und der Menge an Waren und Dienstleistungen, die innerhalb eines Währungsraumes gehandelt werden – in unserem Fall innerhalb der Europäische Union.

Wie wertbeständig ist der Euro?
Der Wert des Euro bleibt nur ungefähr stabil. Er unterliegt also innerhalb einer gewissen Wertstabilität Schwankungen. Das erlebt jeder im Alltag. Erinnern Sie sich noch daran, was eine Kugel Eis in den 1990er-Jahren gekostet hat? Wir denken wehmütig an Preise um die 40 oder 50 Pfennig zurück. Als der Euro eingeführt wurde, lag der Preis schon bei rund 1 D-Mark oder 50 Cent. Schnell stiegen die Kosten für die kalte Leckerei auf rund 1 Euro an. Heute liegen sie zum Beispiel in München[2] bei 2,10 Euro. Hamburger bezahlen durchschnittlich nur 1,43 Euro, Bielefelder sogar nur 1,03 Euro. Wir erleben also eine langfristige Teuerung. Die gilt leider nicht nur für Eis. Denken Sie zum Beispiel daran, was eine Handwerkerstunde kostet. Wer in den letzten Jahren ein Haus gebaut hat, wird schmerzlich erlebt haben, dass Erhöhungen des Stundenlohns während des Bauprozesses keine Seltenheit sind. Materialkosten steigen und vieles mehr.

Inflation – was ist das?

Der Begriff *Inflation* beschreibt zunächst einmal die Ausweitung der Geldmenge. Das geschieht folgendermaßen: Sowohl die Zentralbank als auch die Geschäftsbanken (Banken) *können Geld schaffen.* Das passiert in der Regel durch die Vergabe von Krediten. Dazu ein Gedankenexperiment: Stellen Sie sich vor, es ist noch kein Euro im System, obwohl wir alle arbeiten. Der Euro gelangt über die Vergabe von Krediten in dieses System. Sie gehen also zu einer Bank und besorgen sich einen Kredit – sagen wir mal zu fünf Prozent jährlichen Zinsen. Damit bringen Sie den Prozess der Geldschöpfung in Gang. Denn Ihre Bank schafft Geld, indem sie es Ihnen auf der einen Seite gibt und auf der anderen Seite vermerkt, dass sie der Zentralbank Geld schuldet. Diese Geldschöpfung ist ein reiner Buchungsvorgang, es handelt sich also um *Buchgeld*. Dieses Buchgeld kann jederzeit in *Bargeld* umgetauscht werden. So wird Bargeld in Umlauf gebracht. Das Bargeld, das die Banken Ihnen auszahlen, leihen sie sich wiederum von der Zentralbank, der sie dann Geld schulden. Die Bilanz der Bank sieht dann zum Beispiel folgendermaßen aus:

Aktiva (Vermögen)[3]	**Passiva (Eigen- und Fremdkapital)**
1.000 Euro Kredit an Kunde – auf 10 Jahre; 5 % Zinsen pro Jahr	1.000 Euro Sichteinlage – täglich fällig; 0 % Zinsen pro Jahr

Das Geschäft der Bank besteht also darin, dass sie von Ihnen mehr Zinsen verlangt, als sie der Zentralbank bezahlen muss. So entsteht Geld.

Die Grenzen der Geldschöpfung

Da sich die Banken über ein Geschäft mit der Zentralbank refinanzieren, also Kredite von der Zentralbank dafür bekommen, dass sie Geld an ihre Kunden verleihen, müssen sie auch Zinsen bezahlen. Die Zentralbank gibt zur Festlegung dieser Zinsen den sogenannten *Leitzins* heraus – den Hauptrefinanzierungssatz. Beträgt der null Prozent, kann auch die Bank Geld zu einem geringen Zinssatz verleihen und macht trotzdem noch Gewinn. Liegt der Leitzins aber bei zehn Prozent, steigt natürlich auch der Zinssatz, den ein Kreditnehmer bezahlen muss.

⇨ **Die Bedeutung des Leitzinses:** Der Leitzins ist daher ein zentraler Faktor dafür, wie stark Kredite nachgefragt werden. Kann ein Unternehmer sich für beispielsweise drei Prozent Geld leihen, aber ein Geschäft abschließen, bei dem er zehn Prozent Gewinn pro Jahr erwirtschaftet, lohnt sich für ihn der Kredit. Kostet der Kredit hingegen bereits zwölf Prozent Zinsen, würde er ja beim selben Geschäft draufzahlen, und damit lohnt sich das Geldleihen für ihn nicht.

Der Wert des Geldes

Um den Wert unseres Geldes zu bestimmen, müssen wir zwei Faktoren betrachten. Zum einen die Geldmenge, die sich im Umlauf befindet, und zum anderen die gehandelten Waren und Dienstleistungen. Wenn sich die Geldmenge erhöht, die Menge der gehandelten Waren und Dienstleistungen aber nicht in gleichem Maße steigt, erhöht sich der Preis und unsere *Kaufkraft* verringert sich.

Vielleicht ist es Ihnen aufgefallen: Seit Beginn der Corona-Pandemie bezahlen wir Verbraucher für vieles mehr Geld. Bei einem Bäcker in Hamburg zum Beispiel hat sich der Preis für ein Brötchen von ursprünglich 40 Cent innerhalb eines Jahres auf 46 Cent erhöht. Das bedeutet, es kostet jetzt 6 Cent bzw. 15 Prozent mehr. Für die 46 Cent bekommen wir als Käufer 13 Prozent weniger Brötchen als früher. Unsere Kaufkraft sinkt also.

⇨ **Denken Sie in Kaufkraft!** Warum erklären wir Ihnen das? Weil Sie, wenn Sie Vermögen aufbauen wollen, in Kaufkraft denken müssen und nicht in Nennwerten oder Nominalwerten. Es nützt Ihnen nichts, wenn Sie Ihr Geld so investieren, dass es um ein Prozent jährlich anwächst, wenn die Preise zugleich jedes Jahr um fünf Prozent nach oben klettern. Dann verliert Ihr Geld effektiv an Wert.

Die Preisinflation

Wenn die meisten von uns und auch fast alle Medien von *Inflation* sprechen, dann ist damit gar nicht die Ausweitung der Geldmenge, wie vorne beschrieben, gemeint, sondern eigentlich die *Preisinflation* oder *Teuerung*. Damit wird die beträchtliche Erhöhung der Geldmenge im Verhältnis zu den gehandelten Waren und Dienstleistungen bezeichnet, mit der eine Entwertung unseres Geldes einhergeht: Je mehr Geld im Verhältnis zu den gehandelten Waren und Dienstleistungen in Umlauf ist, desto weniger ist es wert.

Die reine Ausweitung der Geldmenge bedeutet hingegen nicht automatisch, dass die Preise sich auch erhöhen. Denn wenn die Menge an gehandelten Waren und Dienstleistungen in gleichem Maße ansteigt, bleibt die Preisinflation aus.

Wenn weniger Geld im Verhältnis zu gehandelten Waren und Dienstleistungen in Umlauf ist, sprechen wir von *Deflation* beziehungsweise *Preisdeflation*.

Die Inflationsrate

Sie haben sicherlich schon von der *Inflationsrate*, auch *Teuerungsrate* genannt, gehört. Die errechnet sich nach der Quantitätstheorie bei gleichbleibender Umlaufgeschwindigkeit aus dem Zuwachs der Geldmenge abzüglich des Zuwachses des *Bruttoinlandsproduktes (BIP)*, das die Summe aller innerhalb eines bestimmten Zeitraums in einem Land hergestellten und gehandelten Waren und Dienstleistungen beinhaltet. Verdoppeln wir beispielsweise bei gleichbleibendem BIP die Menge an Geld, ist es nur noch halb so viel wert wie vorher – das Preisniveau steigt also um 100 Prozent und die Teuerungsrate beträgt somit ebenfalls 100 Prozent. Steigt die Anzahl an gehandelten Waren und Dienstleistungen zur gleichen Zeit um 50 Prozent, steigen das Preisniveau und auch die Inflationsrate lediglich um 50 Prozent.

In der Realität hatten wir in den Jahren 2000 bis 2019 eine durchschnittliche Preisinflation von 3,8 Prozent. Die Geldmenge stieg um 5,1 Prozent und das BIP um 1,3 Prozent.[4]

Wichtig: Die tatsächliche Preisinflation entspricht nicht dem *Verbraucherpreisindex*, der im selben Zeitraum bei um die zwei Prozent lag. Wir haben also wirtschaftswissenschaftlich eine viel höhere Inflation, als uns über den Verbraucherpreisindex suggeriert wird. Denn der sogenannte Warenkorb[5] enthält nur die Dienstleistungen und Waren, die Privathaushalte für Konsumzwecke erstehen. Es wird also nur ein Teilbereich betrachtet. Wir tun so, als ob nur die Preise für Lebensmittel, Kleidung, Miete, Mobilität etc. dafür verantwortlich sind, wie alle Preise sich entwickeln. Das ist falsch. Schon deswegen, weil wir in der EU einige Bereiche subventionieren. Betrachten wir aber die Entwicklung aller Preise, also auch die von Aktien, Immobilien, Luxusgütern und vielem mehr, erkennen wir, dass die reale Inflation in den letzten Jahren viel höher lag, als uns der Verbraucherpreisindex Glauben macht.

Betrachten wir den Euro historisch, erlitt er von 1999 bis 2021 durchschnittlich einen Wertverlust von 4,0 Prozent, der Verbraucherpreisindex stieg durchschnittlich nur um 1,5 Prozent. Die Kaufkraft ist also nach 20 Jahren nicht einmal mehr halb so groß. In anderen Währungen wie dem Dollar, dem Britischen Pfund und auch unserer alten D-Mark sieht beziehungsweise sah es ähnlich aus.[6]

Das Geld gehört nicht unters Kopfkissen!

Sparen lohnt sich also nicht. Denn Währungen und Devisen sind in der Regel nicht für den Vermögensaufbau geeignet. Sparen wir zum Beispiel in Euro und setzen eine weitere durchschnittliche Inflation von 4,0 Prozent voraus, erhalten auf der Bank aber keine oder nur sehr geringe Zinsen, bedeutet das, unser Geld verliert jährlich an Wert. Bisher ist uns auch kein Fall bekannt, in dem sich das Geld unter dem Kopfkissen oder in der Sockenschublade vermehrt hätte.

Wenn wir langfristig ein Vermögen aufbauen wollen, genügt es nicht, unser Geld auf ein Sparkonto zu packen und auf Zinsen zu hoffen. Denn die Inflation liegt, historisch betrachtet, durchschnittlich sehr viel höher als die Zinsen, die wir auf dem Konto erhalten. Sie verlieren also effektiv Geld, wenn Sie sparen.

1.2 Vermögen, Liquidität und Rente

Wenn wir mit Menschen sprechen, die anfangen wollen, ihr Geld zu investieren, sind wir immer wieder überrascht, wie wenig sie über ihre tatsächlichen Verhältnisse wissen. Vielleicht ist es eine Interessen- oder eine Typfrage, wie sehr wir uns mit unserem Vermögen auseinandersetzen. Das sollte es aber beides nicht sein. Sie können Ihre finanzielle Freiheit und Sicherheit nur dann erreichen, wenn Sie darüber Bescheid wissen, wo Sie heute stehen und wohin Sie in einigen Jahren kommen wollen. Eine Bestandsaufnahme und etwas Mathematik können wir Ihnen also nicht ersparen. Verschaffen Sie sich zunächst einen Überblick.

Die Vermögensbilanz

Wenn Sie Ihr Nettovermögen nicht kennen, also nicht wissen, was Sie heute besitzen, wird es höchste Zeit, Ihre Vermögensbilanz zu erstellen. Dafür haben wir Ihnen eine Vorlage[7] erstellt, die Sie über folgenden den QR-Code abrufen können:

Anhand dieser Übersicht erfahren Sie schnell, welchen Teil Ihres Vermögens Sie investieren können, um es zu vergrößern. Sie zeigt außerdem den Anteil, der rein konsumorientiert eingesetzt wird. Warum sollten Sie das wissen? Unserer Erfahrung nach sind die Menschen, die einen höheren Anteil ihres Geldes in ihr Vermögen investieren, erfolgreicher als diejenigen, die nur einen geringen Anteil dafür einsetzen. Wenn das kein Anreiz ist!

Lassen Sie uns also starten: Zunächst gilt es, herauszufinden, mit welchen Vermögenswerten oder Verbindlichkeiten wir in unsere Zukunft investieren und zur Erhöhung des Vermögens beitragen und welche nur für weitere Verbindlichkeiten sorgen.

Mögliche Vermögenswerte

- Bargeld
- Bankguthaben
- Rohstoffe
- Wertpapiere
- Grundstücke

- Immobilien
- Unternehmensbeteiligungen
- Kunstgegenstände, Antiquitäten und Oldtimer
- Schmuck und Uhren
- Fahrzeuge

Mögliche Verbindlichkeiten

- Dispositionskredite/Kreditkarte
- Konsumkredite
- Immobilienkredite
- Sonstige Kredite und Verbindlichkeiten

Kunstgegenstände, Antiquitäten und Oldtimer sowie **Schmuck und Uhren** nehmen wir erst ab einem Einzelwert von mehr als 2.000 Euro in die Liste auf. Sie zählen zu den Vermögenswerten, da sie in der Regel keinen Wertverlust mit sich bringen, sondern eher noch eine Wertsteigerung.

Die Behandlung von **Immobilien** ist etwas knifflig. Bewohnen Sie Ihre Immobilie selbst, gilt sie als Konsumobjekt. Denn sie verursacht ja laufende Kosten, ohne dass Sie damit Geld erzielen. Eine fremdgenutzte Immobilie hingegen wirft monatlich Miete ab und wird daher als Investition gesehen.

Als **echte Investition** bezeichnen wir in der Vermögensbilanz lediglich die Werte, die zur Vergrößerung des eigenen Vermögens dienen. Anhand dieser Übersicht sehen Sie schnell, wie viel Sie bisher wirklich investieren und was Sie eigentlich nur Geld kostet. Ihr Guthaben auf einem Girokonto gehört übrigens nicht zu den Investitionen. Damit sichern Sie lediglich Ihre Liquidität.

Erstellen Sie regelmäßig Ihre Vermögensbilanz!
Ihre Vermögensbilanz ist eine Momentaufnahme. Deshalb sollte sie auch regelmäßig neu erstellt werden. Wir empfehlen, das mindestens einmal im Jahr zu erledigen, besser sogar einmal alle drei Monate, um die Entwicklung im Blick zu behalten.

Der Haushaltsplan

Wissen Sie, wie viel Sie wofür ausgeben, oder gehören Sie zu denjenigen, die sich an jedem Monatsende fragen, wohin ihr ganzes Geld verschwunden ist? Wenn Sie zur zweiten Gruppe gehören, dann sollten Sie Ihre Liquidität dringend einmal überprüfen. Betrachten Sie also genau, wie viel monatlich über Gehalt, Honorare, Dividenden und Ähnliches reinkommt und wie viel davon wofür wieder abfließt. Nur so können Sie herausfinden, welche Geldmenge Sie überhaupt für Investitionen einsetzen können. Auch hierfür haben wir Ihnen eine Vorlage[8] erstellt, die Sie zur Übersicht nutzen können. Sie können sie über diesen QR-Code abrufen:

Der Rentenrechner

Leider haben wir Deutschen uns schon viel zu lange auf die gesetzliche Rente verlassen. Inzwischen ist allerdings klar, dass viele eine große Lücke haben werden zwischen dem, was sie im Alter zur Verfügung haben wollen, oder sogar dem, was sie dann zum Leben brauchen, und dem, was von der Rentenkasse aufs Konto überwiesen wird. Kurzum: Für viele wird bereits die reine Existenz zu teuer. Alles Schöne, was sie nach dem Arbeitsleben unternehmen wollen, scheint in utopische Ferne gerückt.

Eine Ahnung davon, was auf Sie zukommt, erhalten Sie mit den Rentenbescheiden, die Ihnen jährlich ins Haus flattern. Fangen Sie rechtzeitig an, Ihre Rentenlücke zu schließen und privat vorzusorgen. Wie viel Sie bereits jetzt und zukünftig einsetzen müssen, um im Alter so leben zu können, wie Sie sich das wünschen, lässt sich über den Rentenrechner[9] ermitteln, den Sie über folgenden QR-Code erreichen können:

Ein Erklärvideo dazu finden Sie ebenfalls auf der Seite sowie auf YouTube[10]. Wichtig: Setzen Sie die Lebenserwartung nicht zu gering an. Wenn das Geld im Alter nicht reicht, kann das ziemlich unangenehm werden.

Nur wer sein Vermögen und seine Liquidität kennt, kann sicher investieren, ohne befürchten zu müssen, dass sein Geld plötzlich nicht mehr für Miete und andere Verbindlichkeiten ausreicht. Um eine Übersicht zu erhalten, helfen die Vermögensbilanz und ein Haushaltsplan, die den Ist-Zustand beschreiben und das Investitionspotenzial zeigen. Der Rentenrechner macht deutlich, wie viel Geld Sie über welchen Zeitraum einsetzen müssen, um Ihre finanzielle Freiheit zu erreichen. Er zeigt außerdem, was für Sie theoretisch möglich wäre.

1.3 Fehlerquellen und Stolperfallen

Wir hoffen, die Bestandsaufnahme Ihrer Vermögenswerte und die Größe Ihrer Rentenlücke hat Sie nicht zu sehr erschreckt. Klar ist: Je früher Sie anfangen, desto leichter können Sie Ihr Ziel erreichen.

Es ist aber sehr wichtig, dass Sie jetzt nicht in Panik geraten. Legen Sie das Gefühl ab, Sie müssten jetzt schnell zu viel Geld kommen, um Ihr Auskommen im Alter zu sichern. Sonst neigen Sie dazu, unkalkulierbare Risiken einzugehen. Es kann zwar schon einmal ein Glückstreffer dabei sein. Aber unserer Erfahrung nach geht das selten gut. Gehen Sie das Investieren lieber besonnen, strategisch und damit sicher an und vermeiden Sie folgende Fehlerquellen und Stolperfallen.

Nach Bauchgefühl handeln

Auch wenn Ihnen im Leben das Bauchgefühl oft den richtigen Weg vorgibt, in Sachen Börse sorgt es eher für Bauchschmerzen als für Schmetterlinge im Bauch.

Überstürzt handeln

Ein Investment ist nur so gut wie die zugehörige Analyse und Strategie. Die können Sie sich entweder selbst erarbeiten oder Sie suchen sich einen Profi, der sich auskennt, und Menschen, die sich gerne mit Ihnen austauschen. Informationen nur zu sammeln, reicht nicht. Sie müssen verstehen, was Sie tun und warum. Wenn Sie Ihr Geld an der Börse investieren wollen, sollten Sie zum Üben Musterdepots nutzen, die alle Broker anbieten. Damit können Sie einfach und schnell überprüfen, ob Ihre Analysen richtig waren und Ihr eingeschlagener Weg funktioniert.

Geld investieren, das Sie brauchen

Natürlich hat kaum jemand Geld zu verschenken. Sicheres Anlegen ist aber immer auch strategisches Anlegen. Das setzt voraus, dass Sie das Geld, das Sie investieren, nicht plötzlich brauchen, sondern längerfristig anlegen können, um es für Sie arbeiten zu lassen.

„Fear of missing out“

Auch die „Fear of missing out“, kurz FOMO, also die Angst, eine sehr lohnende Investition zu verpassen, hat nichts mit sicherem Investieren zu tun. Oft werden Aktien, Fonds oder ganze Branchen so gehypt, dass sie völlig überbewertet sind und die Analysen den Aktienkurs nicht rechtfertigen. Setzen Sie daher nicht einfach auf das gleiche Pferd wie alle anderen. Sie handeln dann nach Gefühl – und noch nicht einmal nach Ihrem eigenen, sondern dem Gefühl der anderen, das medial transportiert und höchstwahrscheinlich nicht validiert wurde.

Nur auf Expertentipps vertrauen

Das mediale Rauschen in Sachen Börseninvestments ist riesig. Kein Finanzportal ohne Expertentipps und Kurserwartungen. Die bringen Sie in der Regel nicht weiter. Verlassen Sie sich unbedingt auf Ihr Wissen und Ihre Analyse anstatt auf Tipps von Experten, die Sie nicht kennen. Vertrauen Sie lieber auf die Strategie, die Sie sich selbst erarbeitet haben.

Wir Deutschen lieben das Sparen. Doch leider eignet es sich nicht, um Vermögen aufzubauen. Denn die Zinsen, die wir auf einem Sparkonto bekommen, liegen deutlich unter der reellen Inflation und auch unter dem Verbraucherpreisindex, der die Teuerung unseres Konsums im Blick hat.
Um langfristig Vermögen aufzubauen, müssen wir uns einen Überblick über unsere Finanzlage heute, aber auch in der Zukunft verschaffen. Dabei helfen ein Haushaltsplan und ein Rentenrechner, um zu ermitteln, wie viel wir tatsächlich investieren und somit für den Vermögensaufbau einsetzen können.

An der Börse zu investieren ist kein Hexenwerk – solange Sie besonnen handeln. Um der eigenen Strategie zu folgen und sich dabei nicht von Emotionen leiten zu lassen, benötigen Sie Routine und vor allem Kenntnisse, die über das Bauchgefühl und die vermeintlich sicheren Tipps von Börsenexperten hinausgehen. Sonst treten Sie schnell in Stolperfallen. Ihr Credo für die Zukunft: Strategie ein – Emotionen aus.

2. Die Börse

Börse – was ist das eigentlich? Viele haben sicherlich die Hollywood-Filme „Wall Street“ mit Charlie Sheen und Michael Douglas oder „The Wolf of Wall Street“ mit Leonardo DiCaprio gesehen. Wie es 2008 zur Immobilienkrise und zur Pleite der Investmentbank Lehman Brothers und damit zu einer saftigen Wirtschaftskrise kam, zeigt zurzeit „The Big Short“ bei Netflix. Auch wenn in jedem dieser Filme ein Körnchen Wahrheit steckt, ganz so dramatisch geht es auf dem Börsenparkett im Normalfall nicht zu. Wir wollen Ihnen auch keine Angst machen. Trotzdem ist es uns wichtig, dass Sie verstehen, was passieren kann.

Krisen kommen und gehen immer wieder. Wirtschaftskrisen belasten die Börsen. Es geht aber nach den Krisen auch immer wieder bergauf. Denn unsere Welt funktioniert in Zyklen, also in Kreisläufen. Man denke nur an die Jahreszeiten, die immer wiederkehren, an Ebbe und Flut, Tag und Nacht und noch vieles mehr. Ebenso wie diese Zyklen, die von der Natur vorgegeben werden, und solche, die sich zum Beispiel in der Modewelt in sogenannten Trends wiederfinden, funktioniert auch unsere Wirtschaft.

Es gilt also: Lassen Sie sich auch von Krisen nicht aus der Ruhe bringen. Sie müssen nur wissen, dass es sie immer wieder gibt. Dann können Sie mit diesen Krisen auch umgehen und beim Investieren stets einen Weg finden, Ihr Geld so gewinnbringend wie zum jeweiligen Zeitpunkt möglich anzulegen. Sehen Sie deshalb die Börse so wenig emotional wie möglich. Für die Emotionen ist Hollywood zuständig. Ihr erfolgreiches Investment an der Börse sollte – wir können es nur immer wieder betonen – strategisch und nach Regelwerk ablaufen. Sehen Sie die Börse beispielsweise als Mittel zum Zweck für Ihre private Altersvorsorge. Sie ist ein Handelsplatz, an dem Unternehmensanteile und andere Anlageklassen gekauft und verkauft werden.

Es gibt übrigens nicht nur eine Börse. In Deutschland beispielsweise können wir verschiedene Anlagen über die Frankfurter Börse, die Stuttgarter Börse und noch einige mehr abwickeln. Zu den bekanntesten Börsen der USA zählen die New York Stock Exchange (NYSE) und die Technologiebörse NASDAQ. Was Sie alles über diese und andere Börsen handeln können und von welchen Faktoren die Preise verschiedener Anlageklassen beeinflusst werden, zeigen wir Ihnen in diesem Kapitel.

2.1 Konjunktur und Kapitalmarkt

Wir haben ja bereits erwähnt, dass unsere Welt in Zyklen funktioniert. Die Konjunktur, also die gesamtwirtschaftliche Lage, und auch der Kapitalmarkt, also das Umfeld, in dem wir uns bewegen, wenn wir investieren, unterliegen ebenfalls solchen Zyklen. Das bedeutet, dass wir in beiden regelmäßig eine Art Déjà-vu erleben. Dabei beeinflussen die Konjunkturzyklen die Kapitalmarktzyklen und damit unsere Anlagestrategie und deren Erfolg.

Die Konjunktur in Zyklen

Als *Konjunkturzyklus* bezeichnen wir den Anstieg und Abfall der Produktionsleistung des BIP eines Wirtschaftsraumes. Konjunkturzyklen werden in der Regel anhand des Anstiegs und Rückgangs des realen BIP oder des inflationsbereinigten BIP für den Zeitraum eines Jahres gemessen. Steigt das BIP, sprechen wir von einem *Aufschwung*, fällt es, nennen wir es Abschwung oder *Rezession*.

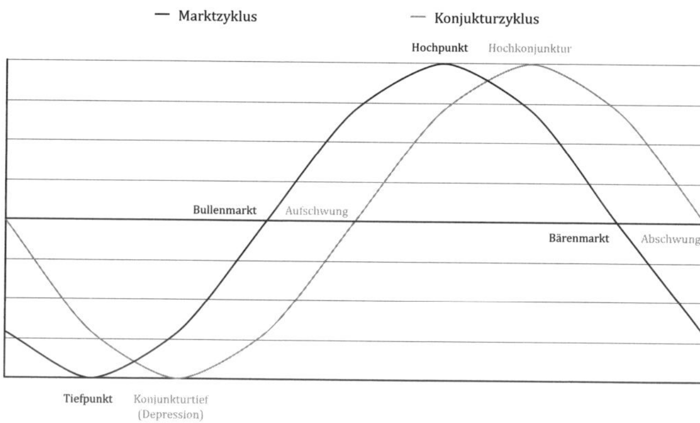

Abb. 1: Konjunktur- und Marktzyklus

In Abbildung 1 sehen Sie eine Nulllinie. Alles oberhalb dieser Nulllinie bedeutet Wirtschaftswachstum, alles unterhalb der Linie bedeutet Wirtschaftsrückgang. Starten wir an der Nulllinie und die Produktivität des Landes innerhalb eines Jahres (BIP) sinkt im Vergleich zum Vorjahr, bewegt sich die Kurve nach unten. Das geschieht so lange, bis sie das *Konjunkturtief*, also den Zeitraum mit der geringsten Wirt-

schaftsleistung, erreicht. Danach bewegt sich die Kurve wieder nach oben, bis sie das *Konjunkturhoch* oder die Hochkonjunktur erreicht hat, um danach wieder bis zum Konjunkturtief zu fallen, und so weiter. Unsere Wirtschaft schwankt also stetig zwischen einer schrumpfenden und einer wachsenden Konjunktur.
Stehen wir an einem **Tief**, wird die Konjunktur bereinigt. Unternehmen geht es schlechter, sie müssen Mitarbeiter entlassen, Betriebe sind gezwungen, Insolvenz anzumelden. In dieser Zeit sinkt die Nachfrage nach Krediten (geringere Geldschöpfung), weil weniger investiert und konsumiert wird. Dafür fallen die Preise für Waren und Dienstleistungen.

Das hört sich im ersten Moment vielleicht furchtbar an. Für den Einzelnen kann es das auch sein. Gesamtwirtschaftlich gesehen birgt diese Zeit jedoch jede Menge Potenzial. Die Ressourcen beispielsweise, die bei ineffizienten Unternehmen frei werden, können sich zu neuen Unternehmen zusammensetzen. Das bedeutet, Menschen, die nicht mehr in unproduktiven Unternehmen arbeiten, können bei neuen oder effektiveren Firmen anheuern oder gar ihr eigenes Unternehmen gründen.

Nach jedem Tief folgt der **Aufschwung**, also die Phase, in der Zahl und Umfang von Aufträgen wieder ansteigen und Produktionskapazitäten wieder zunehmen. Gleichzeitig geht die Arbeitslosigkeit zurück – die im Konjunkturtief freigesetzten Ressourcen setzen sich in neuen Unternehmen zusammen. Es herrscht nur geringe Inflation, die Zinsen befinden sich aber in der Regel auch auf einem Tiefpunkt und beginnen Stück für Stück wieder zu steigen. Die Preise auch.

Was bedeutet das für den Kapitalmarkt?

Einen ähnlichen Zyklus durchläuft der Kapitalmarkt – allerdings versetzt um circa sechs Monate. An der Börse wird heute schon das gehandelt, was wir für die nächsten drei bis sechs Monate erwarten. Das heißt, der Aufschwung wird bereits früher sichtbar, der Abschwung aber auch. Im Börsendeutsch nennen wir den Aufschwung *Bullenmarkt* – ein Bulle greift mit seinen Hörnern von unten nach oben an. Der Abschwung wird als *Bärenmarkt* bezeichnet – ein Bär greift mit der Tatze von oben nach unten an. Deshalb stehen in der Wall Street in New York auch ein Bulle und ein Bär vor der Tür der Börse.

Warum Krisen das Wachstum nicht aufhalten

Historisch betrachtet dauern die Hochphasen deutlich länger an als die Tiefs. Das gilt sowohl für den Konjunktur- als auch für den Marktzyklus. Dadurch entsteht eine Zunahme der Produktivität und ein Wachstumstrend, der zwar nicht linear vonstattengeht, aber doch dauerhaft zu beobachten ist. Das durchschnittliche Wachstum liegt trotz zahlreicher Krisen und Kriege deutlich höher als das Zinsumfeld, weil wir im Gegenzug auch zahlreiche Errungenschaften verzeichnen konnten, die wiederum die Produktivität gesteigert haben.

Wenn der Zyklus manipuliert wird

So wie wir es eben beschrieben haben, funktionieren die Zyklen, wenn der Markt sich selbst überlassen wird und nicht von außen eingegriffen wird. Betrachten wir nun, was zurzeit geschieht: Wir leben schon länger in einem Umfeld, in dem der Zins, der sich eigentlich natürlich regulieren sollte, von der Zentralbank über den bereits erwähnten Leitzins diktiert wird. Seit einiger Zeit müsste dieser Leitzins steigen, da das länger anhaltende Konjunkturhoch zu Ende gegangen ist und wir uns in einem Abschwung befinden. Während der Coronakrise haben wir das deutlich gesehen. Das BIP ist gesunken. Und das ist auch kein Wunder. Denn die Wirtschaft stand einige Monate fast still, Lieferketten wurden unterbrochen und damit auch die Leistungsfähigkeit von vielen Unternehmen kurz- und mittelfristig eingeschränkt.

Die US-Zentralbank (Federal Reserve Bank) ebenso wie die britische Zentralbank (Bank of England) haben für 2022 bereits inflationsbedingt mehrere Zinserhöhungen angekündigt – und, wenn dieses Buch gedruckt ist, wahrscheinlich schon umgesetzt. Zurzeit steht der Leitzins in den USA nach einer Anhebung im März 2022 bei 0,25 Prozent. Die Bank of England hatte bereits im Dezember 2021 auf die Inflation reagiert und ihren Leitzins von 0,1 Prozent auf 0,25 Prozent erhöht. Weitere Anhebungen werden 2022 erwartet, sind aber von aktuellen Gegebenheiten abhängig. Auch Mexiko und Russland haben bereits reagiert. Nur die EZB setzt die 0-Prozent-Zinspolitik bisher scheinbar unbeeindruckt fort.

Das Festhalten an der aktuellen Zinspolitik soll den Abschwung aufhalten, führt aber dazu, dass die Wirtschaft sich nicht natürlich regulieren kann. Geld fließt in falsche Anlageklassen und es kann zu einer Blasenbildung kommen. Im Falle der Börse bedeutet das, zahlreiche Aktienkurse sind im Vergleich zum tatsächlichen Wert des Unternehmens stark überbewertet. Außerdem kaufen Zentralbanken Anleihen von Staaten auf dem Sekundärmarkt und finanzieren so indirekt Staaten, indem sie so die Zinsen drücken, die Staaten für Anleihen zahlen müssen. Das verzerrt den Markt und kann zu einem Crash führen, der innerhalb eines natürlichen Umfelds viel geringer ausfallen würde.

Unsere Wirtschaft schwankt zwischen einer schrumpfenden und einer wachsenden Konjunktur. Das beeinflusst die Kapitalmärkte und damit auch die Art und Weise, wie wir investieren. Historisch betrachtet dauern die Wachstumszyklen länger als die Rezessionszyklen. Deshalb erkennen wir einen dauerhaften Trend der Produktivitätssteigerung.

2.2 Die Assetklassen

An dieser Stelle fragen Sie sich vielleicht, ob unser scheinbar ewiges Wirtschaftswachstum auch tatsächlich ewig andauert. Ein dauerhaftes Wachstum wird außerdem oft als System der Ausbeutung von Menschen, Tieren und Umwelt beschrieben und an den Pranger gestellt – zu Recht. Doch das Wachstum, von dem wir hier sprechen, ist eben mehr als reine Gewinnmaximierung. Es geht um eine Produktivitätssteigerung, die wir immer wieder durch neue Errungenschaften erzielen. Beispiele für solche Errungenschaften sind das Internet oder auch das Smartphone, das viele Geschäftsmodelle ermöglicht, die noch vor einigen Jahren undenkbar waren, und gleichzeitig unsere Kommunikation revolutioniert hat. Das erste Smartphone, das iPhone, kam übrigens erst 2007 auf den Markt und hat seither eine beeindruckende Karriere hingelegt. Finden Sie nicht auch? Oder können Sie sich Ihr Leben ohne diesen manchmal auch ganz schön nervigen Helfer noch vorstellen?

So wie das Smartphone gibt es immer wieder echte Gamechanger, die für eine weiter währende Produktivitätssteigerung sorgen. Dazu zählen etwa ganz allgemein gesprochen die Digitalisierung und die Globalisierung, aber zum Beispiel auch Smart-City-Konzepte. Diese sogenannten *Megatrends*[11] sichern uns den dauerhaften Wachstumstrend, der sich von den Berg- und Talfahrten von Konjunktur und Markt nicht beeindrucken lässt.

Dauerhaft sicher investieren

Egal ob Krise oder Konjunkturhoch – mit den von Nils entwickelten Strategien können Sie zu jedem Zeitpunkt im Marktzyklus sicher investieren, weil Sie monatliche Anpassungen vornehmen und verschiedene Märkte und Assets, also Anlageklassen, einbeziehen – und zwar immer diejenigen, die zum Zeitpunkt der Anpassung gerade die höchste Rendite versprechen. In diesem Kapitel möchten wir Ihnen die Assetklassen vorstellen, die wir zum Investieren nutzen und die wir in verschiedenen Rotationen einsetzen:

1. Anleihen
2. Aktien
3. Immobilienfonds
4. Rohstoffe

> **Was ist eine Anleihe?**
> Als Anleihen bezeichnen wir Wertpapiere, für die Sie festgelegte Zinsen erhalten, wenn Sie sie besitzen. In der Regel werden diese Zinsen einmal pro Jahr ausgeschüttet. Anleihen werden zum Beispiel von Staaten oder Unternehmen ausgegeben. Investieren Sie in eine Anleihe, geben Sie dem Anleihengeber, auch Emittent genannt, einen Kredit, den er nach einer vereinbarten Laufzeit an Sie zurückbezahlt. Je höher die angebotenen Zinsen ausfallen, desto größer das Risiko, das Sie eingehen, wenn Sie in die jeweilige Anleihe investieren. Staatsanleihen bergen in der Regel ein geringeres Risiko als Unternehmensanleihen.

Staatsanleihen: Risikofreie Investition

Beginnen wir mit den sogenannten risikofreien Investitionen, mit denen wir ohne Risiko eine Rendite erwirtschaften können. Wobei, so ganz trifft die Bezeichnung „risikofreie Investition“ nicht zu. Jede Investition birgt Risiken. Doch kurzlaufende Staatsanleihen von Ländern mit einem hohen Rating kommen einer Rendite ohne Risiko schon sehr nahe. Wir nutzen in unseren Strategien als risikofreie Investition die sogenannten T-Bills, das sind kurzlaufende US-Staatsanleihen. Die USA sind, ebenso wie Deutschland, mit dem höchstmöglichen Rating ausgezeichnet, einem Triple A (AAA)[12] bei der Rating-Agentur Moody’s. Diese Länder können theoretisch nicht insolvent gehen. Denn sie verfügen über die Möglichkeit, jederzeit durch Steuern ihre Einnahmen zu erhöhen oder durch Veräußerung von Vermögenswerten liquide Mittel zu schaffen, um ihre kurzfristige Schuld zu bezahlen. Da diese T-Bills maximal zwölf Monate, meist eher drei Monate laufen, besteht nur ein geringes Risiko, dass es Veränderungen im Zinsumfeld gibt und sie dadurch an Wert verlieren.

⇨ **Rendite und Risiko:** Als Richtlinie können wir an dieser Stelle festhalten, dass Rendite und Risiko stark zusammenhängen. Das heißt: Im Normalfall bedeutet ein geringes Risiko auch eine geringe Rendite – je höher das Risiko, desto höher kann die Rendite ausfallen. Nutzen Sie also den risikofreien Zinssatz als Messgröße dafür, ob eine Investition Sinn ergibt oder eben nicht.

In Staatsanleihen mit geringer, aber risikofreier Rendite investieren wir immer dann, wenn andere Anlagemöglichkeiten ein höheres Risiko bergen, aber eine gleiche oder gar niedrigere Rendite versprechen. Wenn beispielsweise der Aktienmarkt besser performt als die risikofreie Staatsanleihe, investieren wir in Aktien.

Aktien: Eigene Unternehmensanteile

Monas Vater erklärte ihr in ihrer Jugend Aktien mit den Worten: »Ich habe die Eingangstür von Siemens gekauft.« So falsch lag er damit gar nicht. Denn er hatte einen Teil seines Vermögens in Siemens-Aktien investiert. Da es sich bei Aktien um Unternehmensbeteiligungen handelt, die wir erwerben, könnte ihm damals theoretisch die Tür zum Siemens-Hauptsitz in München gehört haben. Praktisch erwerben wir mit Aktien natürlich nur einen virtuellen Anteil am Wert des Unternehmens. Der Wert dieses Anteils verändert sich über den Aktienkurs. Steigt der Kurs, steigt auch der Wert des Anteils, fällt der Kurs, sinkt der Wert. In Aktien zu investieren ist immer dann eine gute Idee, wenn die Wirtschaft wächst, brummt und Geld verdient wird.

Zusätzlich zur potenziellen Wertsteigerung schütten viele Unternehmen – aber nicht alle – regelmäßig Dividenden aus. Eine Dividende ist eine Beteiligung der Aktionäre am Gewinn. Diese wird an die Aktionäre, also die Besitzer der Aktie, ausgeschüttet.

Schützen Aktien vor hoher Inflation?
Aktien sind Sachwerte, und Sachwerte schützen vor Inflation. Also scheint es plausibel zu sein, dass Aktien vor Inflation schützen. Ganz so einfach ist das aber leider nicht. Bei einer moderaten Inflation, die irgendwo zwischen null und vier Prozent liegt, können Aktien vor dem Kaufkraftverlust schützen, der mit der Inflation einhergeht. Das liegt daran, dass wir gleichzeitig eine Produktivitätssteigerung haben, die sich in höheren Aktienkursen niederschlägt. Die Rendite ist meist höher als die Inflation. Gegen eine Hyperinflation, wie wir sie zum Beispiel in den 1920er-Jahren erlebt haben, können Aktien nicht anstehen. Denn Unternehmen schaffen es häufig nicht, die Preissteigerung, die durch die Inflation ausgelöst wird, an ihre Kunden weiterzugeben. Zudem kann die Realwirtschaft nicht mithalten, kommt vielleicht sogar zum Erliegen. In Zeiten von Hyperinflation ergibt also die Investition in echte Sachwerte wie beispielsweise Gold oder Immobilien Sinn.

Immobilienfonds

Viele träumen vom Eigenheim oder einer Immobilie als Investment. Doch nur die wenigsten können sich das tatsächlich leisten. Um trotzdem vom Immobilienmarkt zu profitieren, können Sie in Immobilienfonds investieren. Das sind gebündelte Fondsgesellschaften, die nichts weiter machen, als in Immobilien oder in Hypotheken, also in Anleihen von Immobilien, zu investieren. Wie bei Aktien lohnt sich die Investition in Immobilienfonds in der Regel dann, wenn es der Wirtschaft gut geht.

Rohstoffe: Gold, Silber und mehr

Neben Rohstoffen wie Gold, Silber, Platin und Edelsteinen, die wir aus der Schmuckherstellung kennen, gibt es natürlich noch zahlreiche weitere wie beispielsweise Erdöl, Kohle, Kupfer, Eisen, Aluminium und so weiter. Im Zeitalter der Digitalisierung haben außerdem Kobalt, Lithium und die sogenannten seltenen Erden, die für die Herstellung von Akkus, Smartphones, Laptops etc. benötigt werden, an Bedeutung gewonnen.

Wir möchten die Aufmerksamkeit an dieser Stelle aber ausschließlich auf das Gold lenken – eine Unterklasse der Assetklasse Rohstoffe.

⇨ **Warum Gold?** Zum einen, weil es sehr selten vorkommt. Die gesamte Menge an Gold, die jemals auf der Erde gefördert wurde, beträgt lediglich 201.296,1 Tonnen. Das entspricht in etwa einem Würfel mit der Kantenlänge von 21,85 Meter (Stand Ende 2020[13]). Zum anderen setzen wir auf Gold, weil es ein antizyklischer Rohstoff ist, der bereits seit Jahrtausenden zur Wertaufbewahrung genutzt wird. Der größte Teil wird für Schmuck verwendet. Deshalb ist Gold als Statussymbol und Prestigeobjekt anerkannt. Sein Wert ist also stark auf den psychologischen Effekt zurückzuführen.

Ganz so sicher, wie es scheint, ist eine Anlage in Gold jedoch nicht. Im Vergleich zu den bereits erwähnten kurzlaufenden Staatsanleihen ist die *Volatilität* von Gold, also die Schwankungsbreite seines Wertes innerhalb kurzer Zeiträume, deutlich höher. Und die Phasen, in denen der Goldpreis nach einem Preisverfall stagniert oder konsolidiert, sind meist lang, können sogar über Jahre hinweg andauern. Seit 1973 hat der Goldpreis zwar eine Rendite von über 6.400 Prozent erzielt, zwischenzeitlich gab es jedoch einen Wertverlust (Draw-down) von bis zu 63,83 Prozent, auf Basis der monatlichen Betrachtung.

Wann ist Gold sinnvoll?
Gold zahlt keine Dividenden oder Zinsen. Im Gegenteil. Die Lagerung von Gold verursacht sogar geringe Kosten. Da zwischendurch auch ein hoher Wertverlust möglich ist, lohnt es sich zwar, zum Beispiel in Krisenphasen, Phasen von starker Inflation, Deflation, Preisinflation und steigenden Verbraucherpreisen in Gold investiert zu sein, da Gold in der Regel gut vor Inflation und starker Inflation schützt. Als dauerhafte Anlage ist Gold den Aktien und Anleihen jedoch unterlegen.

Assetunterklassen

Jede Anlage- bzw. Assetklasse lässt sich noch weiter unterteilen:

- **Staatsanleihen** können kurzlaufend, mittelfristig oder auch langlaufend sein.
- **Unternehmensanleihen** lassen sich unter anderem in Anleihen zwischen Aktien mit hoher Bonität und Aktien mit niedriger Bonität unterteilen.
- Bei **Aktien** unterscheiden wir zum Beispiel zwischen großen und kleinen Unternehmen oder zwischen Aktien aus Entwicklungsländern und Aktien aus entwickelten Industrienationen.
- In Sachen **Immobilien** können wir beispielsweise in den Teilmarkt der Gewerbeimmobilien investieren oder wir

unterscheiden nach Region, zum Beispiel amerikanische oder europäische Immobilien.
- **Rohstoffe** lassen sich unterteilen in Agrargüter, Edelmetalle, Energieträger und Ähnliches.

Wir haben also, indem wir nach Assetklassen sortieren, Teilbereiche des Marktes, Teilkategorien, die über ähnliche Eigenschaften verfügen. Durch die Unterklassen können wir noch weiter in die Feinabstimmung gehen. Das ist deswegen so wichtig, weil wir erkennen müssen, wie einzelne Anlagebereiche gegeneinander oder miteinander korrelieren, also in einer Wechselbeziehung stehen. So lässt sich eine Investition optimieren, weil nicht nur jede Assetklasse, sondern auch jede Unterklasse gewisse Eigenschaften mit sich bringt, die in unterschiedlichen Marktphasen verschieden reagieren.

Beim Investieren an der Börse können wir in verschiedene Anlageklassen oder Assetklassen investieren. Zu den wichtigsten gehören Anleihen, Aktien, Immobilienfonds und Rohstoffe und deren Unterklassen. Wir investieren abhängig von der Marktsituation in die Assetklasse oder -klassen, die zum Zeitpunkt der Überprüfung die höchsten Renditechancen verspricht/versprechen.

2.3 Grundlagen Börsenwissen

Bisher haben wir uns mit dem „großen Ganzen" beschäftigt. Wir haben die Grundlagen dafür geschaffen, dass Sie verstehen, wie das gesamte System funktioniert. Jetzt gehen wir in den Teil über, den Sie für das aktive Handeln an der Börse benötigen.

Broker und Depot

Um eine Anlageklasse – egal welche – handeln zu können, brauchen Sie einen Mittelsmann, den sogenannten Broker, der zwischen Ihnen als Privatperson und den Kapitalmärkten, also den Börsen, eine Schnittstelle eingerichtet hat. Sie haben selbst keinen direkten Zugang zu einer Börse. Früher war der Broker derjenige, der sich mit entsprechender Zertifizierung und mit eigenem Sitz auf dem „Parkett" bewegt und die Transaktionen durchgeführt hat. Heute findet all das digital statt. Über eine digitale Schnittstelle können Aktien gekauft oder verkauft werden. Über diese Schnittstelle verfügen aber in der Regel nur Institutionen – die Broker von heute. Das erleichtert das Ganze deutlich. Besonders auch deswegen, weil ein Broker heute meist nicht fest an eine Börse gebunden ist, sondern das Handeln über mehrere Börsenplätze anbietet. Sie können also über Ihren Broker Wertpapiere beispielsweise an der Frankfurter Börse kaufen, aber auch an der New York Stock Exchange.

⇨ **So funktioniert das in der Praxis:** Sie richten sich bei Ihrem Broker ein Verrechnungskonto ein, auf das Sie das Geld einzahlen, mit dem Sie handeln möchten. Gleichzeitig bekommen Sie ein sogenanntes Depot, also ein virtuelles Lager, das Sie für Ihre Aktien nutzen. Dann teilen Sie dem Broker in der Online-Maske mit, dass Sie Aktie XY an der Börse Z kaufen möchten, und der Broker ersteht diese Aktie dann für Sie und legt sie in Ihr Depot. Dafür bekommt er eine Provision, die entweder über einen Festpreis geregelt ist, über einen Anteil des Ordervolumens oder über eine Mischform.

Wie finden Sie den richtigen Broker?

In Deutschland gibt es eigentlich keinen Broker, mit dem man wirklich etwas falsch machen kann. In der Regel sind klassische Hausbanken als Broker jedoch teurer als reine Online-Broker, bei denen die Prozesse weit weniger händisch ablaufen. Wer also effizient handeln möchte, für den ist es empfehlenswert, ein Depot bei einem Online- oder Discountbroker zu eröffnen.

Nach dieser Entscheidung haben Sie aber immer noch die Qual der Wahl. Gefühlt gibt es täglich einen neuen Broker, der den Prozess noch günstiger oder einfacher anbietet. Ein Weg, um auszusortieren, ist die Auswahl rein nach der Größe. Zu den Großen gehören zum Beispiel Consorsbank, Onvista, 1822direkt, ING, comdirect. Einen immer aktuellen Vergleich finden Sie in der finance.academy von Nils:[14]

In der Übersicht sind auch kleinere Anbieter wie Smartbroker, flatex oder Trade Republic integriert. Wichtig ist hier der Blick auf die Kosten, die sich ganz erheblich und auch abhängig vom Ordervolumen unterscheiden können. Anfallende Kosten sind Kaufkosten, Haltekosten und Verkaufskosten. Hinzu kommt noch ein kleines Entgelt für die Börse, an der gehandelt wird, und in Ausnahmefällen eine Depotgebühr. Einige Broker haben spezielle Deals mit Börsenplätzen ausgehandelt und können den Handel dort dann deutlich preiswerter anbieten.

- Entscheiden Sie sich für einen **Flatrate-Broker**, bedeutet das, Sie bezahlen pro Order – also pro Kauf oder Verkauf – sagen wir fünf Euro, unabhängig davon, wie groß Ihr Ordervolumen ist. Meist gilt das nur für deutsche Börsen.
- Entscheiden Sie sich für einen **Broker, dessen Provision von der Ordersumme abhängt**, bezahlen Sie natürlich bei einem größeren Ordervolumen mehr Gebühren. Eine kleinere Order kann hingegen günstiger sein als bei einem Flatrate-Broker. Ein genauer Blick lohnt sich also.

Seit einigen Jahren erscheinen immer mehr Broker auf der Bildfläche, die scheinbar vollkommen provisionsfrei für Sie handeln. Da stellt sich doch die Frage: Wie verdienen die eigentlich ihr Geld?

Wir wollen diese Broker nicht per se schlechtmachen. Vielleicht verfügen sie über eine derart effiziente Infrastruktur, dass sie sich rein über Fremdkostengebühren oder Ähnliches finanzieren können. Zusammenfassend lässt sich aber sagen, dass nicht nur die Gebühren eine Rolle spielen, sondern auch die Auswahl der möglichen Handelsplätze, die Nutzerfreundlichkeit, die reibungslose Funktion der Infrastruktur und ganz besonders auch die Qualität der Dokumentation. Alle Einnahmen aus Gewinnen müssen Sie versteuern. Schon deswegen müssen Quellensteuer, Abgeltungs- bzw. Kapitalertragssteuer lückenlos und sauber dokumentiert sein. Aber auch für Ihre eigene Auswertung, damit Sie einen Überblick über all Ihre Transaktionen, Gewinne und Verluste haben, ist eine gute Dokumentation wichtig. Es gibt immer noch Broker, die für diese Dokumentation Geld verlangen. Wenn Sie dafür dann am Jahresende noch mal ordentlich blechen müssen, nützen Ihnen auch geringe Gebühren nichts.

⇨ **Achtung:** Überprüfen Sie unbedingt auch, ob ein Broker Gebühren für eine Dividende verlangt. Denn solche Gebühren können schnell die ganze Dividende auffressen.

Das Depot im Ausland

Entscheiden Sie sich für einen ausländischen Broker, gilt es, Folgendes zu beachten:

1. Taugt die Dokumentation für die deutsche Steuererklärung? Es gibt Depots im Ausland, die müssen eigeninitiativ versteuert werden. Das heißt, die Abgeltungssteuer wird nicht, wie bei deutschen Depots,

bei den Transaktionen direkt abgebucht. Stattdessen müssen Sie mithilfe der Dokumentation Gewinne und Verluste aus Ihren Kapitalerträgen in der Steuererklärung aufführen.

2. Bei einem günstigen Broker im Ausland besteht die Gefahr, dass verdeckte Kosten entstehen. Beispielsweise zwacken manche Broker sich über einen deutlich größeren Spread – das ist die Differenz zwischen dem Kauf- (Offer) und dem Verkaufskurs (Bid) eines Vermögenswertes – bei jeder Transaktion ein bisschen was ab. Sie kaufen dann beispielsweise eine Aktie, deren Wert bei 100 Euro liegt, für 100,05 Euro. Beim Verkauf erhalten Sie für eine Aktie mit einem Kurs von 100 Euro dann nur 99,95 Euro. Bei einer Aktie mag der Unterschied klein sein. Bei größeren Transaktionen können so aber fast unbemerkt hohe Kosten zusammenkommen. Deutschen Brokern ist das verboten.

Das richtige Wertpapier finden

Um ein bestimmtes Wertpapier zu finden, brauchen wir nicht nur das nötige Hintergrundwissen für die Entscheidung, sondern auch eine klare Identifikationsmöglichkeit, um eine Order beim Broker aufzugeben. Da die meisten Wertpapiere an mehreren Börsen gelistet und handelbar sind, muss sowohl der Handelsplatz als auch das Papier selbst identifizierbar sein. Hier ein paar dafür wichtige Begriffe:

- **Ticker:** Buchstabenkombination zur Identifizierung von Wertpapieren und Indizes an der NYSE (1 bis 3 Buchstaben) und der NASDAQ (4 Buchstaben), die keiner eindeutigen Verkürzungssystematik folgen. Sie werden für Tools wie TradingView[15], StockCharts[16] und einige ausländische Broker benötigt. *Bsp.: Apple Inc. → AAPL, Cisco Systems Inc. → CSCO, S&P 500 Index → SPX*
- **WKN:** Eine sechsstellige in Deutschland vergebene Kennnummer zur Identifizierung von Wertpapieren aller Art.

Die Großbuchstaben „O“ und „I“ sind nicht zugelassen, um eine Verwechselung mit den Ziffern „0“ und „1“ zu vermeiden. *Bsp.: Apple Inc. → 865985, Cisco Systems Inc. → 87884, S&P 500 Index → A0AET0.* Meist wird heutzutage statt der WKN die ISIN verwendet.

- **ISIN:** Eine internationale zwölfstellige Wertpapierkennnummer zur eindeutigen Identifizierung. Ein Handelsplatz kann jedoch nicht zugeordnet werden. *Bsp.: Apple Inc. → US0378331005, Cisco Systems Inc. → US17275R1023, S&P 500 Index → US78378X1072*
- **MIC:** Der Marktidentifikationscode ist ein vierstelliger, alphanumerischer Code zur Identifizierung von Handelsplätzen. Durch die Kombination mit der ISIN erreichen wir die eindeutige Zuordnung von Wertpapieren inklusive Handelsplatz. *Bsp.: Börse Frankfurt → FRAB, Apple Inc. (ISIN) + Börse Frankfurt (MIC) → US0378331005FRAB*

Den richtigen Auftrag erteilen

Um an einer Börse zu handeln, müssen wir einen Kauf- oder einen Verkaufsauftrag erteilen. Wenn wir diesen Auftrag nicht weiter, zum Beispiel durch die Eingabe eines Limits, einschränken, wird unsere Order zum nächstmöglichen Preis ausgeführt. So gehen wir vor, wenn wir auf jeden Fall und möglichst schnell kaufen oder verkaufen wollen. Dabei besteht immer das Risiko, dass der Preis vom letzten Kurs, den wir kennen, stark abweicht. Ein Kauf kann also deutlich teurer werden als geplant, ein Verkauf weniger lukrativ.

⇨ **Wichtig:** Unlimitierte Aufträge sollten nur während der Handelszeiten der Börsen aufgegeben werden und nur dann, wenn das Handelsvolumen des Wertpapiers mindestens das Tausendfache des Transaktionsvolumen beträgt. Sonst ist das Risiko von starken Schwankungen zu groß.

Oft ist die sogenannte Limit Order die bessere Wahl. Dabei legen wir den maximalen Kaufpreis, den wir bereit sind für ein Wertpapier zu zahlen, oder den minimalen Verkaufspreis fest. Diese Order kann auch außerhalb der Handelszeiten aufgegeben werden. Wir setzen dabei zusätzlich einen Zeitrahmen, innerhalb dessen wir zum Kauf oder Verkauf zum angegebenen Preis bereit sind. Der Haken daran: Eventuell findet der Broker niemanden, der bereit ist, die Aktie zum gesetzten Preis zu verkaufen oder zu kaufen. Dann verfällt Ihre Order.

Des Weiteren gibt es noch andere Ordertypen, beispielsweise die Stopp-Order, die wir aber für unsere Strategien nicht benötigen.

Unsere Kapitalmärkte wachsen und schrumpfen in Zyklen und sind der ebenfalls schwankenden Konjunktur in der Entwicklung circa sechs Monate voraus. Auf lange Sicht erleben wir historisch betrachtet eine dauerhafte Produktivitätssteigerung – also ein generelles Wachstum – trotz des Wechsels zwischen Krisen und Hochkonjunktur. Je nachdem, an welchem Punkt des Zyklus wir uns befinden, wählen wir die passende(n) Assetklasse(n) und Unterklassen aus, um so zu investieren, dass wir die höchstmögliche Rendite erzielen.

Was ist Top-down-Investing und wie geht das?

Seite 52

Wie halte ich das Risiko so gering wie möglich?

Seite 54

Wie messe ich die Rendite?

Seite 59

3. Von der Anlageklasse zum Wertpapier

Die bestmögliche Investition mit einem geringen Risiko zu finden, ist die große Kunst, um an der Börse erfolgreich zu sein. Wäre es leicht und ohne viel Aufwand zu erreichen, würde es ja jeder tun. Wer viel Interesse und nur ein überschaubares Zeitkontingent mitbringt, hat trotzdem eine Chance, gewinnbringend zu investieren. Wir fokussieren uns in diesem Buch nicht auf Einzelaktien. Um dort nicht nur Glückstreffer zu landen, sondern wirklich strategisch Topwerte zu finden und stets den richtigen Zeitpunkt zum Ein- und Ausstieg zu erwischen, brauchen Sie nämlich Zeit und jede Menge sehr spezifisches Wissen.

Wir möchten Ihnen in diesem Kapitel einen von Nils entwickelten Ansatz vorstellen, der es Ihnen ermöglicht, anstatt nach einer Nadel im Heuhaufen zu suchen, zunächst einmal den Heuhaufen mit den meisten Nadeln zu identifizieren: das Top-down-Investing. Dieser Ansatz funktioniert zwar auch für Einzelwerte. Wir raten Börsenneulingen aber ausdrücklich dazu, Risiken zu minimieren und lieber breit gestreut zu investieren. Besser wir legen den Blick vor allem auf makroökonomische Faktoren und darauf, das Investitionsrisiko so gering wie möglich zu halten und trotzdem eine gute Rendite herauszuholen. Wir fokussieren uns also auf den Heuhaufen mit den meisten Nadeln.

3.1 Top-down-Investing

Als Top-down-Investing bezeichnen wir einen ganzheitlichen Investitionsansatz. Am besten lässt der sich mit einem Bild erklären:

Stellen Sie sich vor, Sie unternehmen eine Reise. Als Erstes fragen Sie sich: Möchte ich im Flugzeug am Gang sitzen oder lieber am Fenster? Soll ich Business- oder Economy-Class buchen? Sie merken schon, da fehlen ein paar Schritte. Sie müssen zunächst einmal wissen, ob Sie überhaupt fliegen sollen. Und wenn ja, mit welchem Flugzeug und wohin.

Dieses Beispiel lässt sich sehr gut auf die Welt der Kapitalmärkte übertragen. Die richtige Reihenfolge lautet in diesem Fall:

1. Soll ich überhaupt investieren?
2. Wenn ja, in welche Anlageklasse?
3. In welche Unteranleiheklasse soll ich investieren? (Das wäre dann wohl die Frage nach dem Fenster- oder Gangplatz.)

Haben Sie die ersten beiden Fragen noch nicht beantwortet, spielt die dritte Frage keine Rolle. Wenn Sie noch kein Reiseziel kennen und nicht wissen, ob Sie dorthin fliegen werden, brauchen Sie weder über Business- oder Economy-Class noch über Fenster- oder Gangplatz überhaupt nachzudenken.

Was bedeutet das für die Wertpapierauswahl?

Beim Top-down-Investing gehen Sie schrittweise vor. Haben Sie geklärt, dass Sie an der Börse investieren wollen – Ihre Vermögenssituation erlaubt Ihnen das –, folgen diese Schritte:

- **Step 1 – Auswahl der Anlageklasse:** Wir beginnen mit der Auswahl der Anlageklasse. Denn sie ist entscheidend dafür, dass sich unser Depot stabil und stark entwickelt. Circa 50 Prozent der risikobereinigten Portfolioentwicklung hängt nur davon ab.
- **Step 2 – Auswahl der Unteranlageklasse:** Wie bereits besprochen, lassen sich Anlageklassen noch weiter in Unterklassen auffächern. Die Analyse und Auswahl der richtigen Unterklasse ist für circa 30 Prozent der risikobereinigten Portfolioentwicklung verantwortlich.
- **Step 3 – Auswahl des einzelnen Wertpapiers oder der individuellen Wertpapiere:** Die Auswahl von spezifischen Aktien, Anleihen, Immobilienfonds, Rohstoffen oder Devisen erfolgt zum Schluss. Hiervon hängt circa 20 Prozent der risikobereinigten Portfolioentwicklung ab.

Wir möchten an dieser Stelle schon einmal vorwegnehmen, dass wir nicht alle Anlageklassen, die wir Ihnen in Kapitel 2 vorgestellt haben, in den Strategien in diesem Buch nutzen wollen. Wir fokussieren uns auf Aktien und verschiedene Anleihen bis hin zur risikolosen Verzinsung. Wertpapiere, die Sie für das Handeln nutzen können, schlagen wir Ihnen vor.

Top-down-Investing bedeutet ganzheitliches Investieren. Wir identifizieren gemäß einer gewählten Strategie die zurzeit bestmögliche Investition in drei Schritten. Zunächst wird die Anlageklasse, dann die Unterklasse und erst danach das Wertpapier ausgewählt.

3.2 Diversifikation und Risikobetrachtung

Wir haben bereits erwähnt, dass die Investition an der Börse mit Risiken verbunden ist. Wenn Sie aber nicht in Einzelwerte investieren, lässt sich das Risiko so gering wie möglich halten. Bei Einzelwerten droht immer auch der Totalverlust, weil Sie nicht nur Risiken ausgesetzt sind, die die Gesamtwirtschaft betreffen, sondern auch spezifischen Risiken der Branche, der Region und der Wirtschaftlichkeit des ausgewählten Unternehmens. Je größer die Gruppe von Einzelwerten wird, in die wir investieren, desto geringer werden die spezifischen Risiken.

Wie messen wir das Risiko?

Das Risiko eines Investments lässt sich messen. An den Kapitalmärkten tun wir das über die *Volatilität*, mathematisch auch Standardabweichung genannt. Grundsätzlich gilt ein Investment bei höherer Volatilität per Definition als riskanter. Die Volatilität sagt aber lediglich aus, wie stark das Wertpapier vom Durchschnittswert der erwarteten Rendite nach oben und unten abweicht. Zwei Wertpapiere können beispielsweise über den Zeitraum von mehreren Jahren betrachtet exakt denselben Wertzuwachs erfahren haben. Trotzdem gilt das Papier, dessen Wert in der Zwischenzeit stärkeren Schwankungen unterworfen war, als riskanter, weil sich die Rendite in diesem Zeitraum ebenfalls stärker auf und ab bewegt hat. Je konstanter sich die Rendite über die Jahre verhält, desto risikoärmer wird das Wertpapier bewertet. Was die Anlage in Wertpapiere also riskant macht, ist, dass die Rendite zwar, historisch betrachtet, stets steigt, wir aber nie wissen, zu welchem Zeitpunkt wir die durchschnittliche Rendite auch tatsächlich abrufen können.

Wie steht es um die Volatilität des Gesamtmarkts?
Auch im Gesamtmarkt wird die Volatilität betrachtet und über den sogenannten Volatilitätsindex (VIX) abgebildet. Der unterliegt zwar immer einer gewissen Grundschwankung. Je höher diese Schwankung aber vom Mittelwert abweicht, desto unruhiger verhält sich der Markt. Je weniger Schwankungen wir im Markt haben, desto konstanter ist die Rendite und desto geringer wird das Risiko.

Risiko minimieren durch Diversifikation

Eine gute Möglichkeit, das Risiko Ihres Aktiendepots zu verringern, ist die sogenannte *Diversifikation*. Der ein oder andere hat diesen Begriff sicher schon gehört oder gelesen. Er gehört zu den meistgenannten Fachwörtern, wenn es um die Risikominimierung beim eigenen Aktienportfolio geht. Diversifikation heißt, das Risiko auf mehrere „Rücken" zu verteilen, also auf mehrere Wertpapiere.

Beispiel: *Kaufen Sie die Aktie eines regionalen Bierherstellers, gehen Sie ein höheres Risiko ein, als wenn Sie ein Wertpapier* *kaufen, das die Aktien aller Bierhersteller einer Region abbildet. Mit dem letzteren Wertpapier grenzen Sie die spezifischen Risiken des einzelnen Unternehmens aus und verteilen Ihr Risiko auf die gesamte regionale Branche, also auf mehrere Rücken. Gehen Sie noch eine Stufe höher und kaufen ein Wertpapier, das alle Getränkehersteller in Deutschland beinhaltet, verteilen Sie das Risiko auf noch mehr Rücken – auf die Hersteller verschiedener Getränkesorten und aus verschiedenen Regionen. Sie decken eine Branche ab. Geht ein Bierhersteller pleite, beeinflusst das Ihr Wertpapier marginal bis gar nicht. Und selbst, wenn die deutsche Regierung beschließt, Bier zu verbieten, ist der Impact auf Ihr Portfolio weit entfernt von einem Totalausfall. Sie haben noch Weinhersteller, Schnapsproduzenten, Wasserabfüller etc., die in Ihrem Wertpapier enthalten sind.*

Mehr Aktien, weniger Risiko?

Generell verringern wir mit einer steigenden Anzahl von Aktien das Risiko, weil die Volatilität geringer wird. Das heißt aber nicht, dass wir einfach eine bestimmte Anzahl an Aktien erstehen und dadurch Risiken umgehen. Eine effiziente Diversifikation erhalten wir nur dann, wenn wir das Portfolio auf verschiedene Branchen, verschiedene Unternehmenstypen, -größen und vieles mehr fokussieren. Denn nur damit lassen sich spezifische Risiken ausschließen. Übrig bleiben nur makroökonomische, also systematische Risiken. Die gehen wir dann über die in Kapitel 4 näher beleuchteten Strategien an.

⇨ **Wie gelingt uns eine effiziente Diversifikation?** Indem wir nicht mit Einzelwerten handeln, sondern mit Wertpapieren bzw. Fonds, die alle in einem Index enthaltenen Wertpapiere in einem vorausgewählten Verhältnis abbilden. Ein Index, beispielsweise der DAX, also der Deutsche Aktien Index, ist nicht direkt handelbar. Anstatt jetzt aber alle Aktien, die im DAX enthalten sind, einzeln zu kaufen, setzen wir auf sogenannte *ETFs*: Ein ETF ist sozusagen ein „Korb", der zum Beispiel alle DAX-Papiere enthält oder vielleicht alle Papiere großer Unternehmen in den USA oder, oder, oder.

Investition in ETFs

ETF ist die Abkürzung für *Exchange Traded Fund*, gemeint sind also börsengehandelte Investmentfonds. Die meisten ETFs sind passiv verwaltete Indexfonds, also Fonds, die einen Index abbilden. Der Korrektheit wegen müssen wir dazusagen, dass ein solcher Fonds nicht exakt die gleiche Entwicklung nimmt wie der abgebildete Index. Der Index ist ja nur ein theoretisches Modell, das nicht realen Handelsbedingungen unterworfen ist, die für ETFs gelten. Wir beobachten aber nur geringe Abweichungen, weshalb dieser Aspekt vernachlässigt werden kann.

Mithilfe von ETFs können wir einen Teilmarkt, einen Gesamtmarkt oder sogar mehrere Märkte mit einer Investition abdecken.

Beispiel: *Investieren wir in einen DAX-ETF, bildet dieser ETF nur den deutschen Markt ab bzw. die 30 größten börsengehandel-*

ten Unternehmen im deutschen Markt. Dann unterliegt unser Investment aber noch den spezifischen Risiken des deutschen Markts. Darin sind zurzeit sehr viele Industrie- und Finanzwerte enthalten. Dadurch droht uns ein gewisses Klumpenrisiko. Allerdings zeigt der DAX deutlich, wie die deutsche Wirtschaft aufgebaut ist. Sie besteht nun mal zum großen Teil aus Industrie und Finanzwerten. Hinzu kommen einige Energieunternehmen und Versorger.

Maximum Drawdown

Am Beispiel des DAX wollen wir Ihnen noch einen Begriff erklären, dem Sie immer wieder begegnen werden: *Maximum Drawdown*. Das ist die englische Bezeichnung für den maximalen beobachteten Verlust von einem Hoch zu einem Tiefpunkt, bevor ein neues Hoch erreicht wurde. Wir nennen ihn auch gerne das „gefühlte Risiko", weil er anzeigt, wie viel Verlust möglich wäre, wenn wir in den falschen Momenten in eine Investition ein- und aussteigen. Je höher dieser maximale Wertverlust ausfällt, desto höher ist das Risiko, dass Sie Geld verlieren. Wenn eine Investition niemals einen Cent verlieren würde, wäre der maximale Drawdown 0 Prozent. Der schlechteste mögliche maximale Wertverlust liegt hingegen bei 100 Prozent. Diese Investition wäre dann völlig wertlos.

Beispiel: *Blicken wir auf den DAX, hat der trotz seiner spezifischen Risiken und einem Maximum Drawdown von 73 Prozent (gemessen auf Tagesbasis) seit 1970 eine ordentliche Entwicklung hingelegt. Sein Wert hat sich fast verzwanzigfacht, trotz zahlrei-*

cher Krisen, die immer wieder zu massiven Einbrüchen geführt haben. Das entspricht, über die Jahre betrachtet, einer ordentlichen Rendite, im Durchschnitt lag die Rendite des DAX bei 6,05 Prozent pro Jahr.

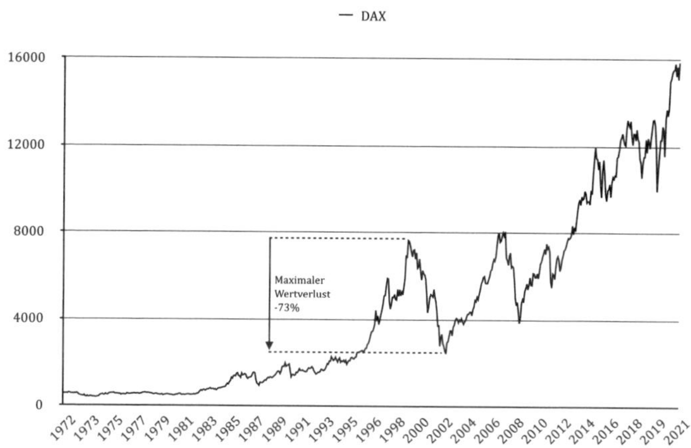

Abb. 2: Historische Entwicklung des Dax: Der maximale Wertverlust (Maximum Drawdown) beträgt hier 73 Prozent.

Was ist Rendite?

Lassen Sie uns auf den Begriff *Rendite* noch ein bisschen näher eingehen. Wir betrachten die Rendite – also den Ertrag, den ein Wertpapier, über einen bestimmten Zeitraum beobachtet, einbringt –, um zu erfahren, wie gut ein Wertpapier sich entwickelt. Diese Betrachtung der Rendite kann absolut, aber auch relativ, also beispielsweise im Vergleich zu einem Index oder einer anderen Benchmark (Bezugsgröße), stattfinden.

Sie brauchen keine Kristallkugel, um die Entwicklung Ihrer Anlage im laufenden Monat vorauszusehen. Hätten Sie die, wüssten Sie immer ganz genau, wann Sie wo investiert wären. Die Betrachtung der Rendite beispielsweise über ein Jahr gibt aber eine ziemlich genaue Richtung vor. Statistisch gesehen ist es wahrscheinlich, dass eine Investition, die im letzten Jahr eine positive Entwicklung erlebt hat, diese im nächsten Monat fortsetzt. Aus diesem Grund nutzen wir für unsere Strategien, die wir Ihnen im Folgekapitel vorstellen, die Betrachtung der Rendite über die letzten zwölf Monate. Gemäß der Renditebetrachtung entscheiden wir dann immer wieder neu, in welche Werte wir im kommenden Monat investiert sind.

Wie berechne ich die Rendite?
Die Rendite lässt sich über Formeln berechnen. Die *Absolute Rendite* zum Beispiel so:

Endwert/Anfangswert – 1.

Aber warum sollen wir uns das Leben mit Formeln schwer machen, wenn es dafür Tools gibt, die das gratis für uns erledigen? Unsere Gesamtrendite errechnet der Broker und zeigt sie in unserem Depot an. Für den Vergleich verschiedener Assetklassen nutzen wir die Gratisversion von StockCharts.[17]

Beim Top-down-Investing begeben wir uns zunächst auf die Suche nach dem Heuhaufen mit den meisten Nadeln. Danach finden wir heraus, welche Nadel in diesem Heuhaufen die beste ist. Das geschieht, indem wir Fundamentaldaten wie die Lage der Gesamtwirtschaft analysieren, aber auch klären,

ob wir überhaupt investieren und wenn ja, in welchen Markt und in welche Anlageklasse.
Um unser Risiko so gering wie möglich zu halten, diversifizieren wir anhand von Wertpapierkörben, sogenannten ETFs. Auf diese Weise schließen wir spezifische Risiken in unserem Portfolio so gut wie möglich aus.

Welche Tools helfen bei der Analyse?

Seite 64

Welche Vor- und Nachteile hat ein Weltportfolio?

Seite 67

Wie funktioniert die Assetrotation?

Seite 79

4. Werkzeuge und Strategien

Jetzt geht es endlich ans Eingemachte. In diesem Kapitel möchten wir Ihnen unsere Werkzeuge vorstellen und zeigen, wie wir mit deren Hilfe ganz leicht Märkte, Wertpapiere und Assetklassen analysieren und vergleichen können. Auf dieser Basis entscheiden wir uns dann maximal einmal pro Monat für die passende Anlage. Diese Entscheidung treffen wir, indem wir auf die höchstmögliche im Folgemonat zu erwartende Rendite setzen. Wir wechseln zwischen dem Gesamtmarkt und anderen Anlageklassen, je nachdem, was gerade die größtmögliche Renditechance bietet.

Ganz wichtig: Wir gehen streng nach Regeln vor. Bitte werden Sie dabei nicht nervös. Es ist normal, dass Sie auch immer mal wieder einen Verlust erleiden. Bleiben Sie trotzdem stur bei der eingeschlagenen Strategie. Die wissenschaftliche Datenlage und auch die Erfahrung zeigen, dass sich Ihre Rendite schnell wieder erholt. Glauben Sie nicht den Crashpropheten. Die Börsenwelt wird so schnell nicht untergehen.

4.1 Das Momentum

Um eine technische Wertpapier-Analyse durchzuführen, nutzen wir ein Datenanalyse-Werkzeug namens StockCharts[18]. Mithilfe von StockCharts bekommen wir das sogenannte Momentum für einen Markt angezeigt, der anhand eines Wertpapiers abgebildet wird. So können wir seine Entwicklung ablesen. Dadurch werden Märkte, Anlageklassen und Wertpapiere kinderleicht vergleichbar.

Was ist das Momentum?
Als *Momentum* bezeichnet man einen Impuls oder einen Schwung. Wir messen damit die Stärke einer Kursbewegung, also einen „Schwung" nach oben oder nach unten innerhalb eines bestimmten Zeitraums (n). Das Momentum wird prozentual betrachtet und nach der folgenden Formel berechnet:

Kurs (t) / Kurs (t-n) -1

Für alle, die es mit Mathe nicht so haben – keine Sorge, dafür gibt es ja StockCharts. Denn diese Berechnung nimmt uns das kostenlos nutzbare Tool ab. Wenn Sie Mathe aber gerne mögen, dürfen Sie natürlich ein wenig herumexperimentieren.

Mit dem Momentum eines Wertpapiers vergleichen wir im Grunde den Kurs an Tag x mit einem Kurs an Tag y. Wir betrachten später in unseren Strategien das 253-Tage-Momentum oder 12M-Momentum. Diese 253 Tage entsprechen den Handelstagen innerhalb eines Jahres.

Warum betrachten wir das Momentum?

Die Herren Jegadeesh und Titman haben in einer Forschungsarbeit[19], die 1993 im „The Journal of Finance“ veröffentlicht wurde, herausgefunden, dass sich aus der Betrachtung eines 3- bis 12-Monats-Momentums ableiten lässt, ob die Kurse zukünftig steigen oder fallen werden. Nils und sein Team haben das historisch mit amerikanischen Aktien im Zeitraum zwischen 1927 und 2019 überprüft. Das Ergebnis war eindeutig: Die zehn Prozent der Aktien mit dem besten Momentum hatten eine durchschnittliche Rendite von 16,8 Prozent, wohingegen die zehn Prozent der Aktien mit dem niedrigsten Momentum einen Verlust von -1,29 Prozent einfuhren. Betrachten wir die absolute Rendite, haben die Aktien mit dem positiven Momentum sich 1,45-millionenfach gesteigert. Diejenigen mit dem niedrigsten Momentum haben ein Minus von 70 Prozent erzielt.

Sie sehen, der Einsatz des Momentums als Vergleichsgröße ist sehr sinnvoll. Besonders weil das Momentum nicht nur für Aktien wirksam ist, sondern in allen von uns genutzten Anlageklassen funktioniert.

Falls Ihnen das an dieser Stelle noch etwas zu abstrakt klingt, können wir Sie beruhigen. Der Groschen wird später fallen. Versprochen.

Wie nutzen wir StockCharts?

Um verschiedene Märkte oder Wertpapiere anhand ihres jeweiligen Momentums zu vergleichen, führen wir die Analyse über StockCharts durch. Unter dem Reiter Charts & Tools finden Sie die Funktion PerfCharts. Dort können Sie vordefinierte Gruppen oder per Eingabe des Tickers verschiedene Werte vergleichen. Zum Beispiel einen ETF des MSCI World (iShares Core MSCI World UCITS ETF) und einen ETF für kurzlaufende US-Staatsanleihen (SPDR 1-3 Mo T-Bill). Das sind Beispiele für Index- bzw. Anleihen-ETFs, die von State Street Global Advisors (SPDR) und BlackRock (iShs) emittiert werden. Es gibt noch viele weitere ETF-Ausgeber, aus denen Sie wählen können. Für unsere Strategien benötigen Sie lediglich einen MSCI World ETF, einen Global Aggregate Bond Index ETF und einen ETF, der kurzlaufende Staatsanleihen abbildet; für den Vergleich bei Stock-Charts nur den MSCI World mit dem Kürzel URTH und die einen bis drei Monate laufenden US-Staatsanleihen mit dem Kürzel BIL.

TradingView – Charts und Analysen

Der Vollständigkeit halber möchten wir Ihnen ein weiteres Analysetool vorstellen. Auf TradingView[20] können Sie ganz leicht historische Kurse betrachten und mithilfe sogenannter Indikatoren, wie dem Momentum, auch analysieren. Dafür sollten Sie sich kostenlos registrieren. Auf der Startseite finden sich dann allerlei Informationen, die Sie gar nicht weiter beachten müssen. Wenn Sie Kurse verfolgen wollen, ist lediglich das Chart-Tool relevant. Für die in diesem Buch aufgeführten Strategien benötigen Sie TradingView nicht. Für alle, die etwas tiefer einsteigen wollen, hat Nils unter diesem Link[21] eine Einführung in TradingView aufgenommen:

Zum Vergleich von Wertpapieren aller Anlageklassen benötigen wir den Indikator Momentum, der den „Schwung“ bzw. die Stärke einer Kursbewegung angibt. Kostenlos nutzbare Tools wie StockCharts und TradingView berechnen das Momentum und stellen es grafisch dar.

4.2 Weltportfolio und Mischportfolio

Der Gedanke eines Weltportfolios ist es, global die gesamte Anlageklasse der Aktien abzubilden, um von dem langfristigen weltweiten Wirtschaftswachstum zu profitieren. Sie erinnern sich an die Diversifikation?

⇨ **Diversifikation durch Weltportfolio:** Wir diversifizieren mit einem Weltportfolio in Aktien auf der ganzen Welt und in zahlreiche Sektoren und profitieren somit von einem weltweiten Produktivitätszuwachs, der sich über viele Branchen erstreckt.

Weitere Vorteile eines Weltportfolios

- Das Weltportfolio lässt sich sehr leicht umsetzen, dafür brauchen wir nur einen ETF. Eine Anpassung ist nicht notwendig, da es sich um eine Einzelinvestition handelt, die historisch betrachtet stetig wächst.

- Das Weltportfolio lässt sich auch über einen monatlichen Sparplan abbilden, was all jenen zugutekommt, die noch keine große Summe angespart haben, um zu investieren. Das bringt außerdem den Vorteil mit sich, dass in Zeiten, in denen der genutzte ETF fällt, günstig nachgekauft werden kann. Kursschwankungen werden somit aufgefangen.

Nachteile eines Weltportfolios

- Das Risiko des Weltportfolios ist recht hoch, weil ein Wertpapier, das nur in eine Assetklasse investiert ist, in diesem Fall Aktien, über die Jahre starken Schwankungen unterliegt.
- Der maximale Wertverlust (Maximum Drawdown) liegt bei über 50 Prozent. Wenn Sie also zu einem Zeitpunkt verkaufen müssen, an dem der Kurs im Keller ist, können Sie effektiv Geld verlieren oder zumindest werden Ihre Gewinne gering sein und können zum Beispiel von der Inflation aufgefressen werden.
- Die Rendite liegt mit durchschnittlich 9,29 Prozent jährlich (zwischen Januar 1972 und Dezember 2021 gemessen) im überschaubaren Bereich.

Der MSCI World Index

Für die Umsetzung des Weltportfolios eignet sich beispielsweise der World Index, der vom New Yorker Finanzdienstleister Morgan Stanley Capital International, kurz MSCI, aufgelegt wurde. Er setzt sich aus Aktien großer Unternehmen (Large Caps) und mittelgroßer Unternehmen (Mid Caps) der 23 Industrienationen zusammen. Insgesamt enthält er mehr als 1.500 Unternehmensaktien, die nach der Marktkapitalisierung, also ihrer Größe, gewichtet sind. Zahlreiche ETFs bilden diesen MSCI World Index ab. Hier ein Beispiel-ETF, den Sie bei Ihrem Broker handeln können:

Assetklasse und Region	Beispiel-ETF	ISIN, WKN
Aktien der Industrienationen weltweit	iShares Core MSCI World UCITS ETF	IE00B4L5Y983 WKN: A0RPWH

Was Sie noch wissen sollten: Mehr als zwei Drittel der Aktien des MSCI World stammen aus Unternehmen, die in den USA ansässig sind. Das liegt zum einen daran, dass die USA die größte Industrienation sind. Zum anderen wird der Technologiesektor mit rund einem Viertel gewichtet. Die größten Technologiefirmen wie Apple, Alphabet (Google), Microsoft und zahlreiche andere sind in den Vereinigten Staaten ansässig.

Wir haben von Anfang an geschrieben, dass wir Ihnen die bestmögliche Rendite bei einem sehr geringen Risiko bieten wollen. Da das Risiko des reinen Weltportfolios aber recht hoch ausfällt und die Rendite eher moderat, möchten wir Ihnen hier eine Variation vorschlagen.

Das Mischportfolio

Das Mischportfolio lässt sich fast genauso einfach abbilden wie das Weltportfolio. Wir nutzen hierfür allerdings zwei Anlageklassen, in die wir zu je 50 Prozent investiert sind:

1. **Aktien** in Form eines ETFs des bereits bekannten MSCI World Index.
2. **Anleihen** in Form des Bloomberg Barclays Global Aggregate Bond Index[22]. Dabei handelt es sich um einen Index, der Anleihen der Industrie- und Schwellenländer repräsentiert. Er dient als Referenzindex für die globalen festverzinslichen Anleihen mit guter Bonität, also einem Investment-Grade-Rating.

Was spricht für das Mischportfolio?

- Anleihen haben historisch betrachtet zwar eine geringere Rendite aufzuweisen, das Risiko in Form von Volatilität fällt aber auch deutlich geringer aus. Erinnern Sie sich: Geringe Volatilität bedeutet konstante Renditen.
- Anleihenzyklen und Aktienzyklen laufen gegeneinander, nicht parallel. Sie sind also zu unterschiedlichen Zeiten das bessere Investment. Dadurch erhöht sich die risikobereinigte Rendite. Starke Schwankungen des Aktienmarktes werden durch die geringe Volatilität der Anleihen ausgeglichen.

So gehen wir vor

Zu Beginn teilen wir unser Investitionskapital, das heißt, wir investieren jeweils 50 Prozent davon in die angegebenen Wertpapiere. Am letzten Handelstag des Monats überprüfen wir, wie sich das Verhältnis der Wertpapiere verändert hat, und gleichen das aus. Sie können auch nur einmal jährlich anpassen. Das reicht aus. Doch die Zahlen in unserer Tabelle auf der nächsten Seite stammen aus einem Backtest, der mit einer monatlichen Anpassung durchgeführt wurde.

Beispiel: *Der Aktienteil ist um zehn Prozent gestiegen, wohingegen der Anleihenteil sich nur um ein Prozent vergrößert hat. Somit herrscht ein Ungleichgewicht im Depot. Das angestrebte Verhältnis von 50 zu 50 hat sich zu 52,13 Prozent Aktien und 47,87 Prozent Anleihen verschoben. Das gleichen Sie einmal pro Monat aus. Es ist wichtig, dass Sie die Angleichung regelmäßig durchführen, weil sich sonst das Risiko des Portfolios verändert.*

Mit diesen Beispiel-ETFs können Sie das Mischportfolio abbilden:

Assetklasse und Region	Beispiel-ETF	ISIN, WKN
Aktien der Industrienationen weltweit	iShares Core MSCI World UCITS ETF	IE00B4L5Y983 WKN: A0RPWH
Investment-Grade-Staatsanleihen weltweit	iShares Core Global Aggregate Bond UCITS ETF	IE00B3F81409 WKN: A0RGEQ

Historische Betrachtung Mischportfolio

Das Ergebnis ist in der historischen Betrachtung sichtbar:

	MSCI World	Global Aggregat Bond Index	Mischportfolio
Betrachtungszeitraum	Januar 1972 bis Dezember 2021		
Durchschnittsrendite pro Jahr	9,29 %	7,08 %	8,52 %
Maximaler Wertverlust	-54,03 %	-14,43 %	-31,29 %

Absolute Rendite	8.405 %	3.389 %	6.709 %
Sharpe-Ratio	0,28	0,29	0,41
Return-Drawdown-Ratio	0,17	0,49	0,27
Durchschnittliche Anzahl der Transaktionen pro Jahr	0	0	24
Zeit im Markt	100 %	100 %	100 %

Sharpe-Ratio und Return-Drawdown-Ratio

Vielleicht ist Ihnen in der historischen Betrachtung aufgefallen, dass wir zwei neue Kennzahlen benutzen. Die Sharpe-Ratio und die Drawdown-Ratio ziehen wir als weitere Kennzahlen zum Vergleich von Risiko und Rendite verschiedener Strategien heran.

Als *Sharpe-Ratio* bezeichnen wir eine Kennzahl zur Bewertung der Rendite pro Risiko. Die Sharpe-Ratio wird berechnet, indem man die Rendite abzüglich der risikofreien Rendite durch die Volatilität eines Wertpapiers oder einer Anlagestrategie teilt. Wieder was für die Mathe-Fans unter Ihnen, hier die entsprechende Formel:

$$\textbf{Sharpe-Ratio} = \frac{\textbf{Rendite – risikofreier Zinssatz}}{\textbf{Standardabweichung}}$$ [23]

Sie müssen die Sharpe-Ratio aber für unsere Strategien nicht berechnen. Wichtig ist, dass Sie diese Kennzahl einschätzen können:

⇨ **Was sagt die Sharpe-Ratio aus?** Die Sharpe-Ratio wird zum Vergleich der historischen Entwicklung von Wertpapieren herangezogen. Je höher die Sharpe-Ratio, desto höher ist die risikobereinigte Rendite.

Um die Sharpe-Ratio als aussagekräftige Kennzahl heranzuziehen, muss der Betrachtungszeitraum ausreichend groß sein. Wir nutzen in unseren Strategievergleichen eine Zeitspanne von 50 Jahren. Wichtig: Die Sharpe-Ratio ist nur dann von Nutzen, wenn sie positiv ist. Das ist sie immer dann, wenn die Rendite über dem risikofreien Zins liegt.

Bis vor einigen Jahren hat man bei der Auswahl von Fonds nur die absolute Performance in den Vordergrund gestellt. Inzwischen haben sich jedoch immer stärker risikoadjustierte Kennzahlen wie beispielsweise die Sharpe-Ratio durchgesetzt, weil sie die Performance ins Verhältnis zum Risiko setzt.

Eine weitere Kennzahl, die für die Messung des Rendite-Risiko-Verhältnisses eines Investments herangezogen werden kann, ist die *Return-Drawdown-Ratio*. Sie lässt sich so berechnen:

$$\textbf{Return-Drawdown-Ratio} = \frac{\textbf{Durchschnittsrendite}}{\textbf{Maximaler Wertverlust}}$$

Je höher die Return-Drawdown-Ratio ausfällt, desto besser ist das Verhältnis, in dem die Rendite zum Risiko steht. Die Return-Drawdown-Ratio ist allerdings weniger verbreitet als die Sharpe-Ratio. Der wesentliche Unterschied: Nicht die Volatilität wird als Risikomaß genutzt, sondern der maximale Wertverlust.

Die Kennzahlen des Mischportfolios

In der Tabelle mit der historischen Betrachtung der Entwicklung von MSCI World, Aggregate Bond und Mischportfolio sehen Sie deutlich, dass die Sharpe-Ratio, die ja im Verhältnis zur Volatilität gemessen wird, beim Mischportfolio höher ausfällt, weil die Volatilität der Aktien durch das gleichzeitige Invest in die Anleihen ausgeglichen wird. Die Return-Drawdown-Ratio allerdings ist beim Mischportfolio kleiner als bei den Anleihen, aber größer als bei den Aktien. Sie orientiert sich ja am maximalen Wertverlust, der naturgemäß bei den Anleihen geringer ist als beim Mischportfolio und bei den Aktien.

Auch die absolute Rendite fällt mit dem Mischportfolio geringer aus als mit der reinen Investition in den MSCI World Index. Dafür liegt der maximale Wertverlust aber über 20 Prozent niedriger. Für alle, die es lieber etwas sicherer mögen, lohnt sich das Mischportfolio in jedem Fall.

Ein relativ sicheres Investment lässt sich bereits mit sehr wenig Aufwand durch ein Weltportfolio, also ein Investment zum Beispiel nur in den MSCI World, oder ein Mischportfolio aus MSCI World und Investment-Grade-Anleihen an der Börse abbilden.

4.3 Das Markttiming

An den Börsen gilt das Sprichwort: „There's always a bull-market somewhere." Wir gehen also davon aus, dass irgendein Markt immer im Aufstreben begriffen ist. Deshalb sind wir bei dieser erweiterten Strategie des Markttimings nicht dauerhaft in Aktien investiert. Wir rotieren zwischen Aktien und der sogenannten risikolosen Verzinsung. Wir haben ja gesehen, dass die Rendite beim Mischportfolio noch Wünsche offenlässt. Das wollen wir ändern. Wir vergleichen also unter Zuhilfenahme des 12-Monats-Momentums den Aktienmarkt in Form des MSCI World und die kurzlaufenden US-Staatsanleihen.

Mit diesem systematischen Vorgehen finden wir geschickte Ein- und Ausstiegszeitpunkte für den Aktienmarkt und die Anleihen. Unser Ziel: eine erhöhte bereinigte Rendite gegenüber dem Mischportfolio und dem Weltportfolio zu erreichen. Dafür müssen wir herausfinden, ob der Aktienmarkt oder die kurzlaufenden Staatsanleihen besser abschneiden. Wir stellen uns folgende Fragen:

1. Wie hat sich der Aktienmarkt in den letzten zwölf Monaten entwickelt?
2. Ist es sinnvoll, im Markt investiert zu sein, oder wechseln wir lieber in die risikolose Verzinsung?

Die Anlageklassen, die wir vergleichen, sind:

- MSCI World Index
- Kurzlaufende US-Staatsanleihen

So gehen wir vor

Wir betrachten am letzten Handelstag eines Monats mit Hilfe von StockCharts, wie unsere Anlageklassen in den letzten zwölf Monaten abgeschnitten haben. Dafür öffnen wir in StockCharts das PerfCharts-Menü und geben folgende Kürzel ein:

URTH für einen MSCI World ETF
BIL für US-Anleihen ETF

In der StockCharts-Suchmaske sieht das so aus:
URTH,BIL

Nun erscheint ein Liniendiagramm. Daran werden Sie leicht erkennen, ob die Aktien oder die risikofreie Verzinsung besser performt. Um die Zahlen leicht und genau ablesen zu können, schalten Sie aber links unten auf das Histogramm um. Dann verändern Sie unten rechts im Zeitraumfenster die Anzahl der Tage von den voreingestellten 200 auf 253. Das entspricht einem Handelsjahr oder eben der Performance der letzten zwölf Monate.

Nun folgen Sie diesem Entscheidungsdiagramm:

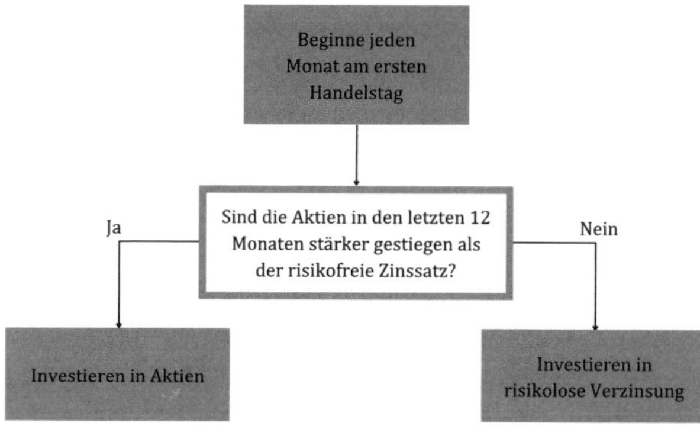

Abb. 3: Entscheidungsdiagramm Markttiming

Ist der MSCI World in den letzten zwölf Monaten stärker gestiegen als die kurzlaufenden US-Staatsanleihen, investieren Sie in den MSCI World (Aktien) bzw. bleiben Sie dort investiert. Sind die US-T-Bills besser gelaufen als der MSCI World, gehen Sie in die risikofreie Verzinsung und kaufen einen ETF für kurzlaufende US-Staatsanleihen. Alternativ können Sie Ihr Geld auch als Tagesgeld anlegen, wenn Sie darauf zumindest geringe Zinsen erhalten. Der risikofreie Zinssatz ist das absolute Minimum, was wir erzielen wollen.

Hier eine Beispielübersicht, welche ETFs Sie zur Abbildung des Markttimings nutzen können:

Assetklasse und Region	Beispiel-ETF	ISIN, WKN
Aktien der Industrienationen weltweit	iShares Core MSCI World UCITS ETF	IE00B4L5Y983 WKN: A0RPWH
US-Staatsanleihen mit einem Investment Grade und einer Laufzeit von 0 bis 3 Jahren	UBS Bloomberg Barclays US 1-3 Year Treasury Bond UCITS ETF	LU0721552544 WKN: A1JRC9

Historische Betrachtung des Markttimings

Das Ergebnis dieser Strategie ist eindeutig:

	MSCI World	Mischportfolio	Markttiming MSCI World / US-T-Bill
Betrachtungszeitraum	Januar 1972 bis Dezember 2021		
Durchschnittsrendite pro Jahr	9,29 %	8,52 %	9,77 %
Maximaler Wertverlust	-54,03 %	-31,29 %	-24,45 %
Absolute Rendite	8.405 %	6.709 %	10.485 %
Sharpe-Ratio	0,28	0,41	0,43
Return-Drawdown-Ratio	0,17	0,27	0,40
Durchschnittliche Anzahl der Transaktionen pro Jahr	0	24	2,24
Zeit im Markt	100 %	100 %	100 % (68 % MSCI World / 32 % T-Bills)

Unter Einbindung des Markttimings haben wir die bereinigte Rendite erhöht. Während das Mischportfolio historisch betrachtet um 6.709 Prozent zugelegt hat, also eine Versiebenundsechzigfachung hingelegt hat, aber einen Maximum Drawdown von -31,29 Prozent erlebte, erzielten wir mit dem Markttiming im selben Zeitraum eine mehr als Verhundertfachung des Einsatzes bei einem maximal Wertverlust von nur noch -24,45 Prozent. Auch Sharpe-Ratio und Return-Drawdown-Ratio liegen beim Makttiming höher als beim Mischportfolio. Ein weiterer Vorteil: Wir müssen für die höhere Rendite deutlich weniger Transaktionen durchführen.

Um eine verbesserte risikobereinigte Rendite als mit dem Mischportfolio zu erreichen, setzen wir die Strategie des Markttimings als zusätzliches Instrument ein. Wir rotieren, je nachdem, welche Anlageklasse sich in den letzten zwölf Monaten besser entwickelt hat, zwischen dem MSCI World und einer risikolosen Verzinsung, die wir über US-T-Bills abbilden.

4.4 Die Assetrotation

Das Markttiming hat uns die Basis für die letzte Strategie in diesem Buch geliefert: Die Assetrotation ist im Grunde die Weiterführung des vorgestellten Markttimings. Anstatt, wie bisher, nur zwischen einem Aktienindex (MSCI World) und einer risikofreien Verzinsung zu wechseln, nutzen wir den Bloomberg Barclays Aggregate Bond Index, den wir bereits aus dem Mischportfolio kennen. Sein Vorteil: Er verhält sich gegenläufig zum MSCI World Index. Ein Wechsel zwischen den beiden Anlageklassen verspricht deshalb eine größere risikobereinigte Rendite. Das 12-Monats-Momentum hingegen wird wieder mit der Performance der risikofreien Verzinsung verglichen, weil das ja unserer Mindestanforderung entspricht.

Wir stellen uns also folgende Fragen:

1. Wie hat sich der Aktienmarkt in den letzten zwölf Monaten entwickelt?
2. Hat sich der Aktienmarkt in den letzten zwölf Monaten besser entwickelt als die risikofreie Verzinsung?

Die Anlageklassen, die wir vergleichen, sind:
- MSCI World Index
- Kurzlaufende US-Staatsanleihen

So gehen wir vor
Wir betrachten am letzten Handelstag eines Monats mithilfe von StockCharts, wie unsere Anlageklassen während der letzten zwölf Monate abgeschnitten haben. Dafür öffnen wir in StockCharts das PerfCharts-Menü und geben folgende Kürzel ein:
URTH für den MSCI World
BIL für US-Anleihen

In der StockCharts-Suchmaske sieht das so aus:
URTH,BIL

Der Vergleich ist derselbe, den wir bereits aus dem Markttiming kennen. Sie sehen also bei StockCharts wieder das bekannte Liniendiagramm. Wenn Sie nun wieder unten rechts in das kleine Fenster, das die Handelstage angibt, 253 eintragen, können Sie ablesen, wie sich die beiden Wertpapiere zueinander im letzten Handelsjahr verhalten haben. Noch deutlicher wird es, wenn Sie unten links die Ansicht „Histogramm“ auswählen.

Nun folgen Sie diesem Entscheidungsdiagramm:

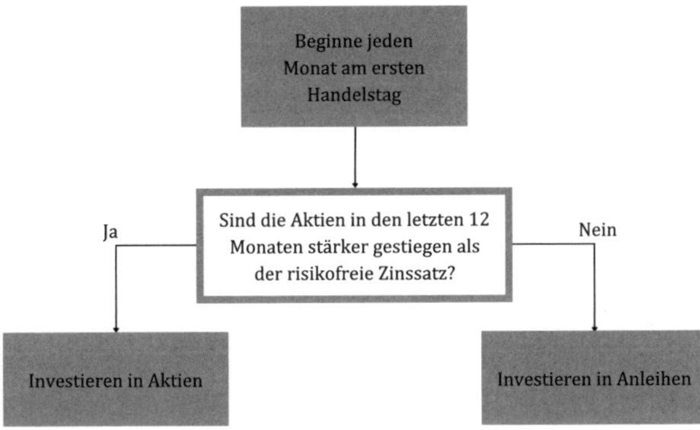

Abb. 4: Entscheidungsdiagramm Assetrotation

Ist der MSCI World in den letzten zwölf Monaten stärker gestiegen als die kurzlaufenden US-Staatsanleihen, investieren Sie in den MSCI World (Aktien) bzw. bleiben Sie dort investiert. Sind die US-T-Bills besser gelaufen als der MSCI World, investieren Sie bei der Assetrotation aber nicht in die risikofreie Verzinsung, sondern setzen auf einen ETF, der den bereits erwähnten Bloomberg Barclays Aggregate Bond Index abbildet.

Die Umsetzung mit Beispiel-ETFs

Wir arbeiten bei der Assetrotation mit folgenden ETFs. Es handelt sich bei diesen Wertpapieren wieder nur um Beispiele. Sie können selbstverständlich auch ETFs anderer Emittenten nutzen, die denselben Markt bzw. dieselbe Anlageklasse abbilden.

Assetklasse, -unterklasse und Region	Beispiel-ETF	ISIN, WKN, Ticker
Aktien der Industrienationen weltweit	iShares Core MSCI World UCITS ETF	IE00B4L5Y983 WKN: A0RPWH
Kurzlaufende US-Staatsanleihen	SPDR Bloomberg Barclays 1-3 Months T-Bill UCITS ETF	IE00BJXRT698 WKN: A2PM4Q Ticker: ZPR1
Langfristige Investment-Grade-Staatsanleihen weltweit	iShares Core Global Aggregate Bond UCITS ETF	IE00B3F81409 WKN: A0RGEQ

Historische Betrachtung der Assetrotation

Was sollen wir Ihnen erzählen ... Lassen wir Zahlen sprechen:

	MSCI World	Markttiming MSCI World / US-T-Bill	Assetrotation
Betrachtungszeitraum	Januar 1972 bis Dezember 2021		
Durchschnittsrendite pro Jahr	9,29 %	9,77 %	12,35 %
Maximaler Wertverlust	-54,03 %	-24,45 %	-24,49 %
Absolute Rendite	8.405 %	10.485 %	33.648 %
Sharpe-Ratio	0,28	0,43	0,61
Return-Draw-down-Ratio	0,17	0,40	0,50
Durchschnittliche Anzahl der Transaktionen pro Jahr	0	2,24	2,24
Zeit im Markt	100 %	100 % (68 % MSCI World / 32 % US-T-Bills)	100 % (68 % MSCI World / 32 % Global Aggregate Bond)

Sie können am Vergleich der historischen Betrachtung über einen Zeitraum von 50 Jahren erkennen, dass sich die Durchschnittsrendite der Assetrotation pro Jahr um 2,58 Prozent gegenüber dem Markttiming und sogar um 3,06 Prozent gegenüber dem Invest in den MSCI World verbessert hat. Viel deutlicher noch wird der Vorteil der Assetrotation gegenüber dem Weltportfolio und dem Markttiming, wenn Sie einen Blick auf die absolute Rendite werfen: In 50 Jahren ist sie viermal so hoch wie die absolute Rendite des MSCI World und immerhin noch 3,2-mal so hoch wie die des Markttimings. Das Risiko hingegen, am maximalen Wertverlust gemessen, ist nur marginal höher als beim Markttiming. Sharpe-Ratio und Return-Drawdown-Ratio sind ebenfalls höher, was eine gegenüber dem Markttiming eindeutig höhere risikobereinigte Rendite in der Assetrotation zeigt.

Wir nutzen für den einfachen und sicheren Einstieg an der Börse verschiedene Strategien, die zum großen Teil ein moderates Risiko bergen. Alle Strategien bauen aufeinander auf. Das Ziel der Weiterentwicklung: die Steigerung der risikobereinigten Rendite.

- Das Weltportfolio setzt auf eine dauerhafte Investition in einen diversifizierten Aktienmarkt. Es wird mit einem ETF des MSCI World Index abgebildet.
- Beim Mischportfolio wird dem MSCI-World-ETF zur Risikominimierung ein globaler Anleihen-Index auf Investment-Grade-Niveau im Verhältnis 50 zu 50 zur Seite gestellt.

- Der Strategie des Markttimings liegt der Wechsel zwischen dem Aktieninvestment, abgebildet über den MSCI World, und der risikolosen Verzinsung zugrunde.
- Um die risikobereinigte Rendite noch zu erhöhen, nutzen wir in der Assetrotation anstatt der risikofreien Verzinsung einen ETF des Bloomberg Barclays Aggregate Bond Index, der Anleihen von Ländern mit Investment-Grade-Rating beinhaltet. Dieser Index performt immer dann stärker, wenn der Aktien-ETF schwächelt.

Ein Ausblick

Alle Strategien, die wir hier besprochen haben, sind einfach umzusetzen. Allerdings bewegen sie sich alle nur auf der Ebene der Asset-Auswahl, also der Auswahl der Anlageklasse. Selbstverständlich geht noch viel mehr an der Börse. Wenn Sie gern tiefer in die Börsenwelt einsteigen und noch höhere Renditen erzielen möchten, sollten Sie sich im nächsten Schritt mit Branchen und Branchengruppen beschäftigen, bevor Sie sich aus einer Euphorie heraus Einzelaktien ins Depot holen. Solange Sie nicht viel mehr Zeit investiert und viel mehr Wissen angehäuft haben, als das in diesem Format möglich ist, raten wir von der Investition in Einzelwerte ab. Börse sollte kein Glücksspiel sein. Bilden Sie sich deshalb stets weiter, lesen Sie Bücher, hören Sie Podcasts oder machen Sie sogar einen Investment-Kurs bei Nils in der finance.academy oder einem anderen Finanzexperten. Investieren Sie aber in jedem Fall erst dann, wenn Sie wissen und verstehen, was Sie tun. Sie ersparen sich viel Frust und Ärger und können stattdessen die Renditen genießen.

Fast Reader

1. Grundlagen fürs Investieren

Wir Deutschen sind eine Nation der Sparer. Dabei eignet sich in Zeiten von Inflation und Niedrigzinsen keine Anlageform so wenig wie das Geldsammeln auf dem Bankkonto oder unterm Kopfkissen. Durch die stetige Geldentwertung und die Teuerung all dessen, was wir zum Leben brauchen, verlieren Sparer jeden Tag einen Teil ihres Vermögens. Wir müssen also, um fürs Alter vorzusorgen, einen anderen Weg einschlagen: die Investition an der Börse. Was für viele wie Glücksspiel klingt, ist – wie historische Analysen bestätigen – mit der richtigen Strategie und ohne Emotionen eine sichere Art, sein Geld langfristig zu vermehren.

- Die Zinsen, die wir auf einem Sparkonto bekommen, liegen deutlich unter der reellen Inflation und dem Preisanstieg all der Güter und Dienstleistungen, die wir zum Leben brauchen.
- Wer bereit ist, langfristig und strategisch zu investieren, kann seine Rentenlücke mit Investitionen an der Börse schließen.
- Bevor wir mit dem Investieren beginnen können, müssen wir wissen, wie hoch unsere Rente sein wird und wie viel Geld wir realistisch zum Investieren zur Verfügung haben – wir müssen also unsere Finanzlage kennen.
- Wer erfolgreich an der Börse investieren möchte, darf sich niemals von Emotionen oder seinem „Bauchgefühl“ leiten lassen, sondern sollte sich stets an das Regelwerk halten.

Das funktioniert dann, wenn das nötige Wissen vorhanden ist und wir uns auf unsere Strategie anstatt auf Meinungen von selbst ernannten Börsenexperten verlassen.

2. Die Börse

Unsere ganze Welt verläuft in Zyklen – auch unsere Konjunktur und die Kapitalmärkte. Die Ups und Downs unserer Konjunktur können wir etwa drei bis sechs Monate früher bereits am Kapitalmarkt beobachten. Konjunktur und Kapitalmarkt sind also eng miteinander verbunden. Historisch betrachtet dauern die Hochzeiten bei beiden länger an als die Krisen und Tiefs. Deshalb können wir durchschnittlich betrachtet eine dauerhafte Produktivitätssteigerung der Wirtschaft und damit auch der Märkte feststellen. Erwiesenermaßen lohnt es sich also, an der Börse zu investieren.

- Es ist vernünftig, zyklisch an der Börse zu investieren, um das bestmögliche Ergebnis zu erzielen.
- In welche Anlageklasse wir investieren, hängt vom Zeitpunkt ab, an dem wir uns innerhalb des Konjukturzyklus befinden.
- Um der schwankenden Situation der Kapitalmärkte Rechnung zu tragen, nutzen wir je nach Zeitpunkt im Kapitalmarktzyklus Aktien, Anleihen, Immobilien oder Rohstoffe, um bestmöglich investiert zu sein und so eine hohe Rendite zu erzielen.

3. Von der Anlageklasse zum Wertpapier

Die Art des von Nils Steinkopff erfundenen Investierens bezeichnen wir als Top-down-Investing. Dabei suchen wir zunächst nach dem zum Analysezeitpunkt geeigneten Markt, bevor wir die bestmögliche Anlageklasse oder das einzelne Wertpapier identifizieren. Dafür analysieren wir Fundamentaldaten, nutzen technische Analyseindikatoren wie das Momentum auf verschiedene Zeiträume betrachtet und beurteilen die Qualität einzelner Märkte und Branchen anhand sogenannter Soft Facts wie beispielsweise der realistischen Analysemöglichkeit einzelner Märkte.

- Beim Top-down-Investing suchen wir zunächst den Heuhaufen mit den meisten Nadeln, ehe wir die Nadeln herauspicken, die zum jeweiligen Zeitpunkt am besten performen.
- Fundamentaldaten bekommen wir ganz offiziell von Zentralbanken, Regierungen oder Wirtschaftsforschungsinstituten.
- Technische Indikatoren wie das Momentum, das wir zur Analyse benötigen, lassen sich über Gratis-Tools ermitteln.
- Um unser Risiko so gering wie möglich zu halten, diversifizieren wir anhand von Wertpapierkörben, sogenannten ETFs. So können wir spezifische Risiken in unserem Portfolio nahezu ausschließen.

4. Werkzeuge und Strategien

Die Möglichkeiten, an der Börse zu investieren, sind scheinbar unendlich und unübersichtlich. Um einen einfachen und sicheren Einstieg für jeden zu gewährleisten, brauchen wir erprobte Strategien. Die wählen wir auf Basis unserer Risiko- und Aufwandsbereitschaft aus. Der Strategie müssen wir stur folgen, um den historisch nachgewiesenen maximalen finanziellen Erfolg zu erzielen. Für welche der Strategien Sie sich entscheiden, liegt natürlich bei Ihnen. Das Weltportfolio benötigt überhaupt keine Aufmerksamkeit – Sie müssen lediglich einmal in einen ETF, der den MSCI World Index abbildet, investieren. Alle weiteren Strategien benötigen zur Analyse nur kostenlos nutzbare Tools wie StockCharts, die sich leicht bedienen lassen.

- Das Weltportfolio bedeutet zwar den geringsten Aufwand, das Risiko im Hinblick auf den maximal möglichen Wertverlust ist jedoch groß.
- Ein geringeres Risiko lässt sich über das Mischportfolio abbilden. Es setzt sich aus einem MSCI-World-Index-ETF und einem Aggregate-Bond-Index-ETF im Verhältnis eins zu eins zusammen, in die beide gleichzeitig und dauerhaft investiert wird.
- Nutzen wir die Strategie des Markttimings, steigt die risikobereinigte Rendite gegenüber dem Mischportfolio deutlich an. Wir sind nicht mehr dauerhaft am Markt investiert, sondern wechseln mit dem gesamten Kapital zwischen Aktieninvestition und einer risikofreien Verzinsung, die über kurzlaufende US-Staatsanleihen oder ein Tagesgeldkonto abgebildet

werden kann. Unser Kapital ist immer dort investiert, wo die Performance der letzten zwölf Monate besser war.

- Die Assetrotation entwickelt die Idee des Markttimings zugunsten einer noch besseren risikobereinigten Rendite weiter. Sie ist die Strategie, die mit geringem Aufwand die bestmögliche Rendite mit dem geringsten Risiko abbildet. Der Unterschied zum Markttiming: Lief die risikofreie Verzinsung in den letzten zwölf Monaten besser als der Aktienmarkt, investieren wir in einen Aggregate-Bond-Index-ETF, den wir bereits aus dem Mischportfolio kennen.

Anmerkungen

1 https://www.presseportal.de/pm/139186/5055853
2 https://de.statista.com/infografik/9806/preise-fuer-eine-kugel-eis-in-ausgewaehlten-staedten/
3 https://studyflix.de/wirtschaft/aktiva-passiva-2348
4 https://finance.academy/inflation/
5 https://www.destatis.de/DE/Themen/Wirtschaft/Preise/Verbraucherpreisindex/Methoden/Erlaeuterungen/verbraucherpreisindex.html
6 https://finance.academy/inflation/
7 https://finance.academy/vermoegensbilanz/
8 https://finance.academy/haushaltsplan/
9 https://finance.academy/rentenrechner/
10 https://www.youtube.com/watch?v=8ABLIlOekRE
11 https://www.zukunftsinstitut.de/dossier/megatrends/
12 https://www.boerse-frankfurt.de/wissen/wertpapiere/anleihen/rating-matrix
13 https://www.gold.de/artikel/goldmengen-wie-gross-ist-goldwuerfel-wirklich/
14 https://finance.academy/depotvergleich
15 https://www.tradingview.com/
16 https://stockcharts.com/
17 https://stockcharts.com
18 https://stockcharts.com/
19 https://www.jstor.org/stable/2328882
20 https://www.tradingview.com
21 https://finance.academy/tradingview/
22 https://de.extraetf.com/etf-profile/IE00B43QJJ40
23 Mittlere Abweichung der durchschnittlichen Volatilität des Wertpapiers.

Die Autoren

Im Alter von 15 Jahren hat **Nils Steinkopff** seine Geschäftsfähigkeit gerichtlich eingeklagt, um seiner Leidenschaft folgen zu können: dem Investieren an den Kapitalmärkten dieser Welt. Heute betreut er neben institutionellen und vermögenden privaten Anlegern auch Menschen, die sich mit dem Thema Investieren an der Börse noch nie ausführlich beschäftigt haben. So gibt es zum Beispiel seit 2014 die finance.academy, unter der Nils Steinkopff sein Wissen der Allgemeinheit zur Verfügung stellt. Seine „Top-down-Strategie" hat seitdem schon Hunderten von Menschen dabei geholfen, eine nachvollziehbare und eigene Strategie an der Börse erfolgreich umzusetzen. Neben einigen Unternehmensbeteiligungen und einem Kunsthandel betreibt Nils Steinkopff seit über acht Jahren auch seinen „Aktien Podcast".

Kontakt:
E-Mail: support@finance.academy
www.finance.academy

Mona Schnell ist seit 2018 Mitglied in der Investment Akademie von Nils Steinkopff, hat dort mehrere Kurse belegt und ist bis heute in der Community aktiv. Sie investiert selbst nach der Top-down-Investment-Strategie. Schnell arbeitet als Autorin, Ghostwriterin und Kommunikationsberaterin. Sie schreibt regelmäßig eine Kolumne zum Thema „Kommunikation" in der Frankfurter Rundschau, macht PR für Künstler und Experten und ist Co-Geschäftsführerin der Agentur moca 2gether und des Montagshappen Verlags.

Kontakt:
E-Mail: info@monaschnell.de
www.monaschnell.de

Weiterführende Literatur

Kahneman, Daniel: Schnelles Denken, langsames Denken, 26. Auflage, Siedler Verlag, München, 2012

Kiyosaki, Robert T.: Rich Dad Poor Dad, 12. Auflage, FBV, München, 2014

Kostolany, André: Die Kunst, über Geld nachzudenken, 11. Auflage, Ullstein Taschenbuch, Berlin, 2015

Levermann, Susann: Der entspannte Weg zum Reichtum, 3. Ausgabe, dtv Verlagsgesellschaft, München, 2011

Steinkopff, Nils, finance.academy:
https://finance.academy/

Steinkopff, Nils, finance.academy Aktien Podcast:
https://finance.academy/podcast/

Steinkopff, Nils, YouTube-Kanal:
https://www.youtube.com/NilsSteinkopff

Taleb, Nassim Nicholas: Der Schwarze Schwan. Die Macht höchst unwahrscheinlicher Ereignisse, 5. Ausgabe, Pantheon Verlag, München, 2018

Register